社会学の起源——創始者の対話

竹内 真澄

本の泉社

目次

第二部　スペンサーの社会学……55

はじめに

本書は、多少風変わりな社会学史のテキストである。社会学は一九世紀中盤に誕生した。なぜ、いかなる理由で社会学は生まれたのか。社会学の創始者たちが、時代をどう読み解き、何を意図し、いかに学問創造に関わったのかを探ってみたい。この作業を通じて「社会学の起源」を検討するのが本書の目的である。

多少風変わりだというのは、筆者が解説する手法ではなく、社会学の創始者であるコント、スペンサー、マルクスが互いに語り合うというやり方をとった点だ。副題の「創始者の対話」というのはその意味である。

対話形式をとった理由は、それによって臨場感が増すからというばかりではない。三人がじかに語り合うことを通じて、最も鮮明なかたちで社会学の起源の理論的、歴史的構造を解明できるからである。

三人は、主として産業革命期の西ヨーロッパを舞台に活躍した。この時期は近代に特有のダイナミックな変動が全面的に現われ、権力の中心が上下左右へ揺れ動いた時期であった。それゆえ、この変動期を生きた三人は、新しい歴史段階に出会い、どういう階級的立場から、どの側面に焦点を当てて物事を見るかに鋭い関心を持つに至った。

結論を先取りすれば、コントとスペンサーは、市民革命が定着した後の産業化の段階で、産業資本家を擁護する立場、すなわち上からの視座に立って、産業（型）社会の論理を確定した。それぞれ「企業」と「市場」を発見するという功績をあげた。これに対してマルクスは、同じ時期に、労働者階級を擁護する立場、すなわち下からの視座に立って産業資本主義の論理を確定した。彼は「企業」と「市場」の複合的な支配を止揚する論理的筋道を発見したと言えよう。

本書の設定では、三人は亡霊となって二一世紀の世界に帰ってくる。そして、自分の理論がどういう評価を得ているかを見定め、彼らの死後における各理論の持続力を主張する。三人は、あるところまで同意しあうが、要所ではきびしい攻防を避けることができない。最終的に、なお決着をつけがたい難問が暗示されたまま、対話は終わる。

むろん、三人を対話させる舞台裏には筆者が隠れているのだから、こうした実験はそれ相応のリスクをはらむ。三人の相互関係と対立を解明するために、筆者なりに踏み込んだので、いったいどこまでが事実であり、どこからがフィクションであるか、微妙な点が残った。補正のために筆者はできる限り彼らの著作、手紙、その他の伝記的資料に目を配ったつもりであるが、解釈上の偏差からくる微妙さを、完全に無くすことはできそうもない。

こうしたリスクにもかかわらず、最後までやり遂げたのは、社会学とは何かという根本問題に迫るうえで、この思考実験に捨てがたい魅力があると直観したからだ。およそ古典とされるものがすべてそうであるように、三人は生きた時代を深く掘り下げることによって、時代を超えている。彼らの残した業績は、その深い地層から時代を超えて、なお現代人の足元を照らしだす力を持つ。筆者としてはこの作品を世に出し、大方の読者の批評をまって、さらに工夫を重ねていきたい。

付記

以下のような条件を設定する。二一世紀、三人は同行して、各自の生誕の地を訪ねる。フランスのモンペリエ、イギリスのダービー、ドイツのトリーアである。三人は生前、互いの生誕の地を訪ねたことは一度もなかった。しかし、いつかはそれぞれの樹立した学問の背景を知りたいと思っていた。三人は、可能な限り現代の知見を吸収し、広い展望のなかで歴史を語る。

コントは自分を「私」、スペンサーは「おれ」、そしてマルクスは「ぼく」と呼ぶ。三人は、文脈に応じて、「私たち」または「われわれ」を使う。

第一部　コントの社会学(1)

A・コント（1798～1857）は、フランスの社会学者。代表作は『実証哲学講義』（1830～42)、『実証政治体系』（1851～54)。
市民革命後の産業社会の秩序を組織する課題を追求し、社会学の創始者となった。社会学を「社会静学」と「社会動学」から構成し、「静学」では個人──家族──社会の図式で「企業」の「自発的従属」が秩序の中心にあることを、また「動学」では、人類の知識の三段階の法則を解明した。

出所：http://global.britannica.com/biography/Auguste-Comte

『社会学の起源——創始者の対話』

（三人が登場する。モンペリエ駅構内から街の広場にやってきた。）

コント　ボンジュール。ようこそ、ここがモンペリエ、私の生まれ故郷だよ。

スペンサー　ハロー。パリには行ったことがあるが、ここは本当に初めてだ。南仏と聞いたが、ここからなら自転車で地中海まで行けるじゃないか。潮の香りがするなあ。

マルクス　グーテン・ターク。われわれはここから社会学問答を始めよう。とはいえ、ぼくは自分が社会学者と呼ばれることには、躊躇なきにしもあらずだが。ともあれ、社会学という学問がなぜ必要であったか、それはいかに構想されたのか、こうしたことを故郷に降り立って知ろうという企画は、誰が考えたか知らんが、なかなかいいじゃないか。

コント　ところで、南仏の地におり立ち、二人の想像力はどう働くのだろうか。

マルクス　そうだね。地中海の対岸はアフリカだ。ぼくは色が黒くてね、家族はぼくのことをムーア人と呼んでいた。ムーア人というのは北西アフリカに住むイスラム教徒のことを指すヨーロッパ的呼称だ。ムーア人は八世紀にイベリア半島を征服した。一五世紀末に終わるレコンキスタの際に、キリスト教勢力に追い出されたのだが、ひょっとすると一部は北へ逃げたのではないか。空想の域を出ないが、そのうちのある者は混血し、ぼくの先祖になったかもしれない。

スペンサー　おれは、南仏にやってくると、この陽ざしの強さとともにギリシア、ローマが近いことを感じるね。東に行けばすぐにマルセイユの港だ。B・C六〇〇年にギリシアが植民都市にしたというじゃないか。「すべての道はローマに通ず」というが、モンペリエの街は、ローマからの距離を考慮するとカソリック系の街ではないかな。

コント　そうなんだ。二人にそう言われると、私は文筆活動の本拠となったパリを別とすれば、このモンペリエが自分をつくったことを、今更のように感じるよ。生家はサント・ユーラリ教会の向かいにあった。現在は市の中心にオーギュスト・コント通りがあって、通りに面してコント小学校がある。じゃあ、これから三人の生まれ故郷をめぐりながら話をスタートしよう。私が年長者ということで、第一部の報告を仰せつかることにしよう。では、そこのカフェでゆっくり話すのはどうかな。

（連れだってカフェに入る）

三人　（生きていれば三人とも二〇〇歳前後なので、久しぶりの現世に感動している）

コント　では私はボジョレ・ヌーボーを。

スペンサー　おれはスコッチ・ウィスキーを。

マルクス　まずビール。いやモーゼル・ワインにしよう。

スペンサー　先ほど触れたが、この街は教会が多い。地理的にみて大方はカソリックだろうが、コントの家庭環境はどうだったのかな。

マルクス　それはいい質問だ。ヨーロッパはキリスト教といっても、カソリック、プロテスタントがあり、そしてぼくのようなユダヤ人も古代からいる。中世末にはアフリカから連れてこられた黒人も増えてくる。宗教は、その人の最初の思想環境と言ってよいからな。

コント　そのとおりだ。では、私のことから始めさせていただこう。

生い立ちから

コント　まず強調しておきたいのは、私が生まれたのはフランス革命のさなか、一七九八年だったことだ。普通フランス革命というのは、一七八九年のバスティーユ牢獄襲撃事件とフランス人権宣言の採択、国民公会の制定、ルイ一六世の処刑（一七九三）、ジャコバン党独裁、テルミドール反動によるジャコバン打倒と続き、その後ナポレオンが革命防衛戦争をして、一八一四年にエルバ島に流され、翌一五年に島を脱出して帝位に復し、同年のワーテルローの戦いで敗退するまでの時期を指す。

私がここモンペリエに生まれた翌年の一七九九年に、ナポレオンは第一統領となり、政治、経済、教育の制度を近代化した。そして一八〇四年にナポレオン法典（中心は民法典）を制定したことによって、革命の法的基盤が固まった。私の家は、カソリック系のブルジョワ家族だった。私が生まれる前のことだが、家族は革命に反対、王党派に賛成という立場だった。父ルイ＝オーギュスト（一七七六〜一八五九）は財産管理人の息子で、商人だった。母は、フェリシテ＝ロザリ・ボワイエ（一七六四〜一八三七）といい、三二歳のときに結婚した。私は長男で、下に弟が二人いた。一七九三年に、モンペリエに革命軍が入ってきた。そして教会を占拠し、三五四人の司祭や多くの僧侶を町から追放した(2)。

カソリック系ブルジョワ家族の影響

コント　まだ私は五歳だったが、この事件は私の精神生活に影響を与えたよ。家族から受け継いだカソリックの立場を私は後に捨てたが、宗教的なものをどう考えるかで、私は晩年まで思索を続けた。幼児のころはカソリックに従った。だから、革命がカソリックを弾圧したことを憎んだ。けれども、私は一八〇四年に新設されたばかりの公立中等学校（リセ）へ通った。前身はイエズス会の学校だ。学校は革命政府の教

育方針で運営されたから、当然カソリックを教育から排除した。政教分離（laicite）の原則が明確になった。ナポレオンの統治期は、革命理念と共和国への忠誠を誓わせる教育をやったから、一八一四年（一六歳）までに私は共和派になった。私はそれに従ったが、カソリックが体現していた厳かな神への崇拝とか、上下関係の尊重そのものを無用だとは思わなかった。つまり、革命の遺産を認めるものの、それだけで秩序が安定するとは思えなかった。このあと七月革命（一八三〇）、二月革命（一八四八）と続くのだが、私は政治体制がいかなるものであろうとも、社会秩序における宗教的要素をずっと考え続けたのだ。

マルクス　フランス革命の共和主義が、先行する君のカソリシズムとどう折り合うか。そこに面従腹背のズレのようなものが感じられるな。宗教と国家の関係は本当に微妙だ。ぼくは、フランス革命が、宗教全般を解放したと見たほうがよいと思う。たしかに近代国家は中世キリスト教国家を廃止した。政教分離だね。だがこれによって、むしろ宗教は、私的な人間に属する各自の特権となった。すなわちカソリックであろうとプロテスタントであろうとユダヤ教だろうと、各人は自由に信仰を持ってよいことになった。国家は、ただ特定の宗教に肩入れしないというだけだ。ゆえに、所有権を根底とする私人は、内面において宗教を信じる宗教的人間になってよい。私人の信仰する宗教と近代国家は互いに無関心な関係だから、コントが内なる宗教と外なる共和主義への二重忠誠を維持したとしても、何の問題もない。ぼくが言うのもおかしいが、近代とは、宗教による体制補完を可能にする仕組みだ。社会学という学問は、政治経済的秩序の外側に、なんらかの道徳的、精神的な次元を必要とするような考え方ではないか。コントが宗教的関心を持ちながら、政治的には共和制を支持していたということが、社会学の源泉の一つにあるという自覚はきわめて示唆的ではないかと思う。つまり社会学者にとって、宗教が私人化された以上、なにがしかの体制補完的機能を持つという着眼が出てくるのは当然だ。

スペンサー　政教分離はフランスの原則だろうが、イギリスではそれほど徹底していないよ。フランスの政教分離は、脱カソリック化を一般化したものだ。フランス革命は、イギリス革命（ピューリタン革命＋名誉革命一六四一～一六八九）と比較すると、遅れた革命ではあるが、同時に徹底した革命なんだ。

コントが言ったとおり、モンペリエでも革命軍がカソリック教会に入ってきて、変革をもたらした。イギリスでも一六世紀に同じようなことが起こった。国家が教会領を没収して、純粋な私有に転換していった。この結果、膨大な小経営者が生まれ、革命は古典的市民社会をつくった。これは、イギリスのヘンリー八世（一四九一～一五四七）が、離婚を契機にローマ教皇から独立したのと、機能的には同じ事柄なんだ。イギリスは脱ローマ化するときに国教会を樹立した(3)。国教会は宗教的正当性を握った。しかし、一七世紀中盤のピューリタン革命は、議会の王に対する制限を強めた。名誉革命は、旧教復興を企てる王を追放し、信仰上の押し付けをできないよう制限を設けた。だが、エリザベス救貧法の公的福祉活動は、教区ごとにおこなわれた。これは一九世紀から二〇世紀まで続き、一九四八年の国民生活扶助法で、教区と福祉を切り離すまで時間がかかった。おれは非国教会派プロテスタントなので、国教会が教区単位で貧民救済をおこなうことに反対した。一八世紀フランス革命がなし遂げたことを、おれは一九世紀イギリスで主張して闘っていたわけだ。

フランス革命から産業革命へ

コント なるほど。イギリスは経済的近代化は早いが、思想的にはどうもクリアーさに欠ける。フランス革命は、遅ればせながら徹底して宗教改革をやった面がある。カソリック教会領を小経営者に分配してやった。これで小農民中心の古典的市民社会ができた。民法典（一八〇四）はまさにそれを法制化したものだ。ここで、イギリスとフランスの経済発展の程度を考慮しなくてはならない。

いいかね。イギリスはヘンリー八世のとき、すでにT・モア（一四七八～一五三五）が告発したように、農地囲い込みをやっていた。大農場をつくり、土地から小農民を追い出した。入会地も大地主にやった。土地のない小農はどうなる。農村で人の下で働くか、それとも都会に流出して誰かに雇ってもらうかだ。こうしてイギリスは、フランス革命後の古典的市民社会ができあがったころには、もうとっくに小農社会を廃して産業革命を進めつつあったのだ。

フランス人には周知のことだが、一七九六年に革命政府は「イギリス商品の輸入禁止令」を発した。ナポレオンは、イギリスの工業製品の流入を止めて、早くフランス産業革命をおこなわねばならないと焦っていた。一八〇六年にも大陸封鎖をやっただろう。このことからわかるように、産業革命を早くやってイギリスに追いつきたいというのが、フランスの置かれた客観的位置だった。

マルクス　フランスは市民革命から産業革命への連続的転化が課せられていたのだね。

コント　そのとおり。私はパリに移ってから、エコール・ポリテクニークでセイの政治経済学などを勉強していたが、一八一七年にC・サン＝シモン(4)の秘書になった。彼の「産業人」という言葉の重要さを知った。先ほどの問題だが、フランスは大きな矛盾を抱えていた。革命政府は、カソリックが持っていた土地を没収し、農民に分与した。この結果、膨大な数の独立自作農が誕生したのだ。ルソーの思想は独立自営業者の思想だった。古典的市民社会が革命後、誕生したのだよ。こういう連中はルソーが大好きで、森のなかの孤独を愛する。だが他方で、フランスを産業革命に移行させるためには、小経営を永久の正義とみなす古典的市民社会をたたき潰さない限り、先には進めない。皮肉なことに、フランス革命の結果である小経営は、産業革命を遅らせる原因になったわけだ。

スペンサー　君の「社会再組織に必要な科学的作業のプラン」（一八二二）の冒頭に「一つの社会組織が消滅し、もう一つの新しい組織が完全な成熟期に達して、形成されようとしている」という名言がある。新しい組織とは何か。それが産業社会だというわけだね(5)。

コント　そう。ただし、そこへ行くためには、まずサン＝シモンの「産業人」にたどり着く必要があった。私はある時期まで彼に心酔した。だが彼の「産業人」というのは、フランス革命の第三身分(6)である平民すべてをさすような幻想がこびりついていた。だから、私がやるべきことは、「産業人」から啓蒙主義の残滓を、きれいさっぱり洗い流すことだった。同じ「産業人」といっても段階が変わってくる。サン＝シモンの場合、まだフランス革命の幻想を追いかけているので、封建領主に対するブルジョワとすべての勤労者の一体性を示すことに力点がある。不労所得者としての封建領主に対して、働く者たちを大事にしようという平等性の要求が底にある。だが産業革命は、一八一四年以降の復古王政期から始まり、三〇年代の七月王政期に本格化するから、働く者のうち、誰がヘゲモニーを握るかというところへ論点を移さねばならなくなるのだ。

サン=シモンとの決裂

コント　だから、私は古い「産業人」概念を壊して、新しい「産業人」概念をつくったのだ。内容は当然、企業者のヘゲモニーにプロレタリアを従属させるということになる。サン=シモンと私が一八二四年に決裂した理由は、あれこれの著作権や何かの問題はあるが、本質的には思想の問題だ。平等主義的な、したがって社会主義への志向を持つサン=シモンに私は我慢がならなかった。このために師と私は決裂することになったのだ。

スペンサー　出会いから七年でサン=シモンと決裂か。それはコントがサン=シモンの産業社会を、企業者的な産業社会へと意味転換する過程だったわけだ。

コント　そう、そのとおりだ。私は復古王政期に書いた「一般近代史概論」(一八二〇)でこう言った。平民は産業を起こすための能力を持っている。そして、議会は平民が握ったのだから、あとはやるだけだと。だが何をやるのか。「革命的人民主権」とか「平等」の徹底とか、「ジャコバン独裁」とか、そういうことではない。それは終わったことだ。一番大事なのは、イギリスとの産業発展の格差をフランス人に認識させ、しかも自信喪失に陥らせることなく、産業発展のギャップを埋めさせることだ。この論文でフランスと対比させて、イギリスという言葉を二三回も使ったのはこのためだ。一七世紀イギリス社会は、繁栄が産業に依拠するものだということをすでに認めていた。市民革命が産業の発展にどう結びつくかを、私はイギリスを先例にして考えた。課題は、国民をいかにして産業へ向かわせるかであった。だから私は、産業の指導をだれが担うかに注目して、次のように言った。

軍人の命令から産業人の指導へ

コント 「今日の国民の状態を考えてみるがよい。そうすれば世俗的な面に関して、彼らはもはや現実には産業の指導層としか直接的で持続的な関係を持っていないことがわかるであろう。農民でも、製造業者でも、商人でもかまわないので、一人の労働者が日頃どのような人間関係のなかにいるのか想像してみるがよい。そうすれば、この労働者が日常的に接触して指示を仰いでいるのは、もっぱら農民・製造業者・商人のいずれかの指導層であって、たとえば土地の所有者である大領主や、あるいは工場や商店の全部か一部を所有している無為の資本家では決してないことがわかるだろう。この労働者と社会の軍事的指導層との関係は新体制と旧体制との一般的な関係に全面的に従属しているのであって、もはやそれ以外の類のものではない。

ここで民衆の視点から考察すべきは、産業的指導層に対する国民の現在の協調関係と、軍事的指導層に対する民衆のかつての従属関係との間にある際立った根本的相違である。

この相違から、旧体制と新体制の間にある最も重要で喜ばしいもろもろの対立の一つが浮き彫りにされるだろう。

旧体制では国民は指導者たちに服属していたが、新体制では彼らと結合する。軍事的指導者からは命令が下されたが、産業指導者からはもはや指導だけである。前者において国民は臣下であったが、後者においては指導層の同僚である。これこそがまさに産業的結合の素晴らしい特徴をなすものであり、最も単純な労働者から最も豊かな製造業者や最も知的な技術者に至るまで、産業的結合に貢献する者は実はすべて協力者であり、仲間なのである」(7)

産業指導者と国民の関係が秩序問題の根本だ。つい長々と引用してしまったが、私が「産業社会」という言葉で言いたかった初心はここにある。そして、これはサン＝シモンのような平等主義とは完全に縁を切ったことを意味する。ポイントは「指導」だ。だからこうも言っておいた。

「いかなる能力もなんらの資力も提供しない人々がいる社会には、必ず主人と奴隷が存在する。もしそれが存在にしていないとすれば、労働者もこのような奴隷制の協定に同意するほど馬鹿ではない——彼らがそれを拒むことができればの話だが——ということになる。いずれにしても、この〔奴隷制の〕社会の端緒はまさに暴力から始まったとさえみなすことができる。（中略）これに対して、だれもが能力と資力とを提供する共同社会（une coopération）には真の結社《アソシアシオン》が存在し、ここには能力の不平等と資力の不平等以外の不平等は存在しない。この二つの不平等はどちらも必要なもの（つまり避けがたいもの）であって、これを消滅させることなど不条理かつ滑稽、そして有害ですらあるだろう」(8)

二人はおわかりだろうが、一八二〇年にすでに、社会学の入口が私にはくっきりと見えていた。それは、「産業社会」の秩序はいかにして可能かという問いと、それへの答えを探すことだ。私は「労働秩序を維持するのにどうしても必要なもの、つまりごくわずかな命令のほかには何もない。……労働者の社会では万事がおのずと秩序を目指すということも忘れてはならない」(9)とも言っておいた。まだ「社会学」という言葉は使っていない。だが、〈軍事指導者たちが命令する社会〉から〈産業指導者が指導する社会〉へ、という構造転換を社会学的な問いとして、はっきり打ち出したのだ。

マルクス　なるほど。そのころぼくとスペンサーはまだほんの赤ン坊だった。社会学が誕生しつつあったとはまったく知らずにね。今の話を聞いて、市民革命から産業革命への移行が、コントの発言のうちに鋭く課題視されていることを感じたね。そこに純化した階級的正直さが現れている。小所有者中心の古典的市民社会は必ず解体する。小所有者が、互いに「自由・平等・友愛」のうちに生きるためには、均質な市民社会を維持しなければならない。このためにはイギリス産業革命の進行を止め、ロベスピエールが狂気に陥らぬように、政府が小経営者を永久に保護すると宣言するしかない。しかし、それは不可能だ。誰も、産業革命以前で世界を止めることなどできない。したがって、フランスはイギリスの後を追い、追いつき、追い越さねばならない。このためには、コントが啓蒙主義を、そして一切の小ブルジョワ的思想を一掃しなくてはならない。社会学とは何か。それは、君らの好む用語を使えば、社会秩序の再建である。小所有者の秩序は必ず崩壊する。秩序とは、したがって旧体制へ戻ることではない。また市民社会を維持することでもない。唯一の展望は、産業革命を受け入れる資本家的な秩序の創造にかかっている。

コントが述べたことは明快だ。すなわち封建地主に代わって、産業資本家が支配する社会が産業社会なのだ。支配様式の変化をコントは正確に見ている。つまり、軍事的な力を使う必要はない。従わなければ殺すぞという脅しはもう不要となる。これに代わって、ただ産業指導者は能力と資力とをうまく結合させる指導をおこなえばよいということだ。

フランス啓蒙思想との対決

コント　そこまで社会学の生成の秘密を言い当てられると、私としては付け加える言葉を持たない。いまの評価は的を射ている。しかしマルクスは、見事に評価しておいて、あとでちゃぶ台返しをやるつもりじゃないかと推察するが、まあそれもいいだろう。ともかく私は、フランスの古典的市民社会をそのままにしておくことが、絶対的な足かせになると主張したかったのだ。

このための仕事は絶大なものだったよ。というのもフランスといえば、ルソー、ヴォルテールなど、そうそうたる顔ぶれの啓蒙哲学者がおり、ディドロとダランベールがまとめた『百科全書』が燦然と輝いていた。啓蒙思想こそが、フランス革命をもたらした偉大なフランス的知性であった。だが、まさに私はそれを打倒せざるを得なくなったのだ。これがどれほどの蛮勇を必要とするものか、おそらく君らには想像できないだろう。

マルクス　いや、その功績がまことに大きいことはぼくも認めるよ。

スペンサー　おれにとって産業革命は自明の風景だった。なるようにしてなったものだから。しかし、フランス人にとって、それは自覚して選ばねばならないものだったのだ。まさしく大革命の連続というにふさわしい。

コント　不在地主のように、労働現場にいない旧体制の支配者と違って、産業指導者は労働者とともに働く。不労所得者は消えたのだから、労働者と産業指導者は互いに仲間なのだ。仲間なのだから「人類に最大の利益をもたらすように可能な限り自然を改善するために、もっぱら自然に働きかけることだけに努め、事物に対するこの全面行動に人々を一丸となって向かわせるよう、ひたすら彼らに働きかける」(10) ことを使命にしようと言った。いまや新しい指導者は役に立つ《ファンクショナル》んだよ。彼らを追い出すことなどできるものではない。

スペンサー　社会秩序がどうしたら可能かという問いが、コントの場合、軍事社会から産業社会へというかたちで出てくる。しかも焦点は、産業社会の秩序はいかにして可能かにある。この問題設定は、おれの言う、軍事型社会から産業型社会へと、言葉の上では似ている。いよいよ、コント社会学の内容が検討されねばならないところへ来たようだ。

社会静学／社会動学

コント　私は『実証哲学講義』(一八三〇～一八四二)で、数学、天文学、物理学、化学、生物学に続く、科学の発展の最終段階に社会学を位置づけた。「社会学」という言葉を初めて提示したのは、この第四巻において一八三九年だ。ここで社会学が誕生したのだ。当時の解剖学者、動物学者H・ブレインビル(一七七七～一八五〇)は、生物学を「静学」と「動学」に分けていた。それを私は社会に適用して、「社会静学」と「社会動学」という二部門をつくった。むやみに適用したのではなく、「社会静学」は社会秩序のいわば空間的な構成を扱い、「社会動学」は社会のいわば時間的変動を扱う。それぞれ「秩序」と「進歩」に対応させるためだよ。スペンサーの「社会静学」は、後で報告してもらうだろうが、簡単に言うと市場メカニズム論だね。市場が全社会領域で作用すれば、一つの均衡的な秩序が生まれるという考え方だ。

しかし、私の「社会静学」は違う。私は、啓蒙哲学の社会論が秩序の問題に十分な回答を持っていないことに異議を唱えた。カソリックの崩壊は認める。しかし、カソリックの秩序がどんなに古臭くとも、そこには普遍的な要素があると思っていた。カソリックの宗教的本質とは何だと思うかね。それは権威が上にあるから、人間はそれを敬うという精神だよ。すなわち神が頂点にあり、教会が神を仲立ちし、最下層の信徒へ上意下達するという垂直の構造を、心から大切に思う気持ちだよ。秩序のポイントは上下関係だ。それをプロテスタンティズムが壊してしまった後も、垂直の構造そのものは捨てがたい意味を持つと思っていた。それは社会学の秩序に関係するからね。

スペンサー　では、コントの「社会静学」の内容を聞かせてもらおうではないか。

コント　私は「社会静学」（一八三九）を個人――家族――社会という三項の関係で構成した。個人というのは、これまでの古典派経済学が明らかにした性格を持つ人間のことだ。それを意識して私は個人論を展開している。つまり、個人としての人間はかなり利己的な存在だ。人間は損得で動くことは否定できない。しかし、それだけなら政治経済学だけで十分であり、あえて社会学はいらないだろう。私が、固有に社会学という学問を立てる理由は、人間が損得とは関係がない存在になり得るとの見通しを持つからだ。人間というのは、もっと厳かなものだと私は言いたいのだ。

有機体としての近代家族

コント　それは家族を見ればわかる。家族は、両親と子どもからなる最小社会だ。私は、パリで一八二五年から四二年までカロリーヌ・マッサンという女性と結婚生活を送った。そのころに書いたのが『実証哲学講義』だ。夫婦関係は、妻の夫への愛と夫の妻への保護で成り立つ。妻は、掃除や洗濯をした時、給料をいくら払えなどとは言わないだろう。また、夫は妻を愛おしいと思うからこそ、妻を守るのだ。子どもは親に対する尊敬の念を持つからこそ、愛すべきものとして可愛がられる。子どもは親が何かをしてくれたから、等価報酬として親を尊敬するのではない。およそ家族関係とは、契約や交換などとは異なる、豊かな人間関係でできている。

こういう血の通った人間的な関係を、私は「有機体的なもの」と呼ぶ。人間は裸で単独者として路上に生まれるのではない。必ず親があるところ、家族のうちに生まれ、家族のいたわりと気遣いの関係のなかで育つ。家族内では、いたわりと気遣いの気持ちが、利己心から遠ざける。これが家族の本質なのだ。個人の利害を優先することもたしかにあるが、それは主として市場のなかでのことに過ぎない。

人間が個人として欲求を持ち、それを満足させるために互いに契約を通じて社会をつくるという社会契約説は、完全に嘘だとは言わないが「社会の起源」として考えると、まったく不適切だ。むしろ、昔に遡れば遡るほど、それだけ家族が主たる舞台となる。人間は、非利己的な存在としての長い歴史を持つ。利己的個人は、そういうものが弱まって出てくる近代的なものだ。そして、たとえ近代社会になっても利己性がすべてではない。近代社会のなかの家族をみれば、利己心ではない力、つまり利他的な力が働いている。人間の持つ利他性を根本的な社会性と考えて、社会契約論の人間像に対抗させる理論的課題があるのだ。私は、だから非利己的な存在としての人間という面を押し出したかったのだ。

スペンサー　家族社会学というジャンルは、社会学のなかでも最も研究が盛んな分野だ。コントは「社会静学」で、近代社会における家族のコミュニティ的な意義を発見したと言っていいだろう。家族は、コントにとって利己的近代人とは違う、人間の最も人間らしい社会性を観察させる素材だった。

コント　私の家族社会学は、いたわりと気遣いの人間関係のことだが、誤解の無いように言っておくと、家族の本質は「両性の上下関係、および年齢の上下関係という二つの関係」(11)なのだ。啓蒙思想家の一部が言うような「両性の平等」など「妄想」であり「誤った形而上学的精神」(12)に過ぎない。妻が夫に従い(13)、子どもが親を尊敬し、夫が妻を、親が子どもを保護するのは、けっきょく垂直的な人間関係であり、これが家族の秩序なのだ。私はこう書いた。「おそらく、いかなる自然の働きも、この自然発生的な美しい上下関係ほど賛美に値しはしない。この関係は、まず人間の家族を作り上げ、次いですべての賢明な社会的結合の必然的模範となる」(14)とね。

ナポレオン法典の家族像

マルクス　ぼくに言わせれば、コントの家族論は「ナポレオン法典」（一八〇四）に規定されている市民的家族の姿そのものだ。コントだけが特別に差別的とか、男性中心主義的だというわけではない。ただ法典が示す近代家族のスタンダード・モデルを、自明のごとく引き映しているのがコントの家族論なのだ。

たとえば民法典第二一二条では、「家族の首長たる夫は、家族の住居を選定する権利を有す。妻は夫と同居する義務を負い、夫は妻を保護する義務を負い、妻は夫に従う義務を負う」とされ、夫の妻に対する一般的な優越が規定されている。二一四条には「妻は……夫が居住するに適せりと為すいかなる地へも夫に従うべき義務を負う」という同居追従義務の規定、さらに「妻は夫の氏を称する」という姓名権の剥奪の正当化、「夫は妻が独立別個の職業を営むことに異議をなすことを得る」という職業選択の自由剥奪の規定などもあった(15)。

戦前の日本にもあった姦通罪は、当時のフランスでも当たり前だった。一方的に「夫は妻の姦通を理由として離婚の訴を提起することを得る」とされていた。総じて夫が処理能力を持つ人格と認められたのに対して、妻は無能者とされた。近代民法は、近代家父長制的な夫婦関係を強制するものなんだから当然だ。

親子関係は第三七一条で「子はすべての年齢において、その父母に対して、敬意および尊敬の義務を負う」と規定されている(16)。

つまり、民法は父＝夫を市場における単一の経済主体と考え、この資格ゆえに国家につながる家族の代表者と定める。妻は、夫が生きている限り経済的主体ではなく、夫に追随する被保護者である。

このように、コントの家族論は典型的な近代家父長制的家族論であって、完全に「民法典」と合致する。君は、「民法典」に現れる家族像を、君の総合哲学的知識、とりわけ当時の生物学や脳生理学の知見によって、徹底して合理化した。たとえば男性の女性に対する自然的な優越を論証するために、大脳の大きさを細かく調べ上げて、女性の脳が男性に比べていかに小さいかにこだわったりしている(17)。『実証哲学講義』における家族論の目的は「いかなる社会生活も、この空想的な両性の平等とは絶対的に両立しないことを示す」(18)ことにおかれていた。ここに啓蒙思想の平等主義に対する、執念深い批判点が現れている。

コントの家族論は、復古王政期（一八一四〜一八三〇）のカソリックへの憧憬が価値的に入り込んだものだ。長い目でフランス近代史全体を見るならば、近代家族は一方における「自由・平等・友愛」理念と、他方における私的所有の「支配・従属・闘争」とが相克しあう場である。この相克は、二〇世紀末になるころまでには、女性人権運動やジェンダー研究の結果、前者が徐々に浸透してゆくことになるのだ。

だが一八三〇年代にコントは、革命理念の一つである「平等」を両性のレベルへ持ち込むことを、阻止しようとした。社会学は「両性の平等についての空想的な革命的言辞」を「科学的」に打倒する武器となったのである。

産業社会の発見

コント　私は、だから「民法典」を踏まえて家族を見ているのだ。封建派ではなく、近代派だ。私の近代社会論は、この意味で近代家族論に支えられているのだ。家族社会学は序論であって、問題は近代社会の大きな秩序の可能性をどういうものとして掴むかだ。私は産業社会を、「社会静学」において分業論として論じた。ちょうど、近代家父長制的家族に垂直的序列があるということを引き出したのと同じやり方で、産業社会にも垂直的序列があると論じた。夫＝父が妻と子どもに命令し、保護するように、妻と子は父に敬意と奉仕を返さねばならない。これは私が考える愛なのだ。愛とは、利己的なものではなく、利他的なものなのだ。「人間の根本的社会性」(19)というのはこのことだ。

産業社会も、やはり垂直的な秩序があって安定するはずだ。スミスが考えているような利己的なつながりでは秩序は安定しない。産業社会が安定した秩序を持つとすれば、利己的関係ではなく、家族関係に準ずるような、何らかの利他的関係が内在していなければならないはずだ。それが何であるかを私は突き止めたのだ。

分業のなかの自発的従属

コント　従来の分業論はけっきょく損得の分業論だった。私が海で魚をとる。あなたは山で狐の皮をとる。お互いに持っていないものが欲しいから、交換する。これが、従来の理論が扱った分業と呼ばれるものだ。個人にとっても社会にとっても分業は得だ、利己的個人が欲望を満たすために分業があるという理屈だ。しかし、産業革命が画期となって、理論的課題が変わる。産業の指導者が労働者を従わせる秩序の理論を、分業論から引き出せるかという、非常に困難な課題が登場してくる。

先ほどの家族社会学がここで生きてくる。家族の秩序が上下関係＝従属関係であるように、産業社会の秩序も同じように上下関係＝従属関係であるはずだ。それは分業のなかに垂直的な序列があるということを予感させる。

そこで、私は分業論を上下関係＝従属関係の問題として考え直した。ちょうど家族のような有機体的な人間関係が、企業のなかにもあるのではないか。私は、社会性＝利他性のある人間を分業に求めた。産業社会に必要なのは上下関係＝従属関係であって、企業内分業は「企業者」が上位に立ち「作業者」が下位に立って、下は上に自発的に従属し、上はそれに値するように指導するという関係だ。『実証哲学講義』「社会静学」の章で私はこう書いておいた。

「この基本的・自発的従属関係を正しく科学的に考察すれば、その主要法則がはっきりと見出せるように思われる。その法則とは、各種の個別的作業が、自然に、一般性の大きさから見て、そのすぐ上に位する作業の指導を受ける、ということであると思う。これは、ある作業がまさに分化する瞬間に、どのような分化の仕方をするかを研究することによって、すぐに納得できる」[20]

コント 私はマクロな次元で、産業社会の階級指導の問題を提示しただけではなく、「労使関係（relations industrielles）」「企業（corporation）」「私的産業（industrie privatе）」「資本（capital）」という用語を『実証哲学講義』で使ったことから理解できるように、個別企業における「企業者」と「作業者」の垂直的序列を発見したのだ[21]。「社会静学」を読めば、私が「分業という根本原理を科学的階層関係の基礎とした」[22]と述べたことの本当の意味がわかるはずだ。産業社会は個々の企業（entreprise,corporation）から構成されている。企業内に、スミス的な水平的分業とはまったく性格の異なる、垂直的な分業を発見したことを、私は本心から誇りたかったのだ。

「社会静学」における企業内階層制の解明は、残念ながらあまり人々にインパクトを与えなかったようだ。私の後継者とされるデュルケムは、「社会動学」に比べて「対象が不明確」だなんて言っている[23]。しかし、私は画期的なことをやったと思っている。『実証哲学講義』で分業論を総括して、「各種の個別作業が、自然に、一般性の大きさから見て、その上に位する作業の指導を受ける」という「法則は本巻全体の最も重要な結論の一つとなるはずである」(24)と明言しておいた。これだけはっきり意義づけておいたのに、それを読み飛ばすとは残念だ。要は、産業社会の社会秩序は、その具体的な姿で言えば「企業」だということだ。そこにおいて「人間一人ひとりの性質の中にある二種類の性向、支配の性向と服従の性向の体系」(25)を解明できるのだ。

スペンサー　社会秩序の問題が、社会学の初発の最大の関心であることは重要だね。ただ、おれは、秩序とはけっきょく上下関係なのだというコントの発想とは、かなり違うことを考えてきたな。いまコントの話を聞いてその点に思い至った。おれは、垂直的な人間関係というのは、どうも好きになれない。垂直的関係ではなく、一人ひとりが好きなことを自由に選ぶというのか、そういう市民性（civility）、あるいは市民一人ひとりが好き勝手に行動していくなかで相互の、敢えて言うと水平的な依存関係ができてくる。それが近代社会の秩序の開けたところじゃないか。いつの時代にも貫徹する垂直的序列が、産業社会にもあるんだという発想がね、どうもおれの肌に合わないよ。

マルクス　コントとスペンサーの違いが何を意味するのか、いずれぼくの理論を展開するところで明らかにするが、いまコントに焦点を絞って考えたいのは、コントが企業を社会学的な意味で発見したという点だ。そこを伺いたい。

中間集団としての企業

コント　そこだ。「企業」を発見したというと、なにか私が経営学か経済学に口出ししているかのように誤解されるかもしれないが、そうではない。ここにも私の反啓蒙主義の思想がある。私の企業に対するアプローチは、社会学に固有のものなんだ。フランス革命後の有名な法律にル・シャプリエ法（一七九一）がある(26)。これは同業組合を禁止したものだ。つまり、個人と国家の間に、いかなる中間集団も置かないというルソー的民主主義論の鉄則がある。これが一九〇一年まで存続したのだ。ただし「民法典」と「商法典」にはそれぞれソシエテ（société）という用語があって、営利企業を例外として認めていた。非営利団体はアソシアシオンと規定されていた。一八三〇年代はソシエテがアソシアシオンに先行して特化してくる段階だ。一八四八年になると「商法典」が改正されて「株式会社（société anonyme）」という用語が出てくる(27)。

このタイミングで『実証哲学講義』（一八三〇〜一八四二）は「企業（corporation）」に注目した。つまり「株式会社」が登場する前の段階で、労働組合とか民衆の同業組合などのアソシアシオン系の集団を脇に置きながら、「企業」を中間集団の中心に置こうとしたわけだ。しかも、「企業」を利己的な個人の結社としてではなく、「自発的従属」として私は定義している。産業革命が進行しつつある初期段階で、私は「企業」という言葉を使って、産業社会における個別企業の管理の重要さを掴みとったのだ。

社会学的なアプローチで企業をとりあげるというのは、啓蒙主義における個人と国家の分断の思想を壊すようなかたちで、私が企業＝中間集団論を提起したということだ。

マルクス　なるほど。大変明快な思想史的位置づけだ。コントの言う「企業」は、全体社会の次元における階級的なリーダーシップの問題とオーヴァーラップしているけれども、指揮監督の問題を個別資本の分業論のレベルで再定義したものだ。これは企業の管理論的な本質に、非常に早い段階で注目した業績と言ってよい。西洋のブルジョワ理論家の誰かが、企業における労働者に対する指揮監督の正当性の問題を取り上げなくてはならなかった。それをコントは企業概念を立ちあげてやり遂げたのだ。

企業と階級

コント　ついでに一八四四年の『実証精神論』のことを述べさせてもらうと、分業論の上下関係を、より具体化して私はこういうふうに書いた。

「企業者はつねに少数であり、金銭と信用を含むさまざまの資材を所有し、すべての作業を指揮し、そのことから、すべての結果について主な責任を負う。作業者は定期的賃銀によって生活する大部分の労働者から成り、自己の究極的な寄与には特に関心も持たないまま、一種の抽象的な志向に従って、それぞれ要素的作業を実行する」(28)

ここで上位の「企業者」が少数で、下位の「作業者」が多数だというのは当たり前だが、マクロな産業社会での人口構成だけでなく、個別企業のなかの巨大化の傾向を言っている。分業から生まれる機能の差異が、企業者／作業者という階級となって、観察可能な対象になってくるのだ。

「作業者だけが直接に自然と取り組むのであり、企業者の相手は主として社会である。こうした根本的差異の結果、産業生活が本来持っていると思われる、実証的精神を知らず知らずのうちに発達させられる思索上の効果は、普通、企業者においてよりも作業者において、より多く認められる。なぜならば、彼らの作業のほうが性格は単純であり、目的ははっきり定まっていて、結果は直接的で、条件は厳しいからである」(29)

以上でわかるように、社会秩序が可能になる理由は、「家族」で夫婦、親子関係が垂直的であるのと同じように、「産業社会」の核である「企業」において、垂直的な人間関係ができあがるからだ。なぜ下位が上位に自発的に従うのかというと、上位の命令がないと下位は働きようがないからだ。

個人と集団

コント　「社会静学」は個人——家族——社会の構成で社会秩序を扱うのだが、これら三項関係の冒頭におかれた「個人」は、半ば利己的であるものとされている。だが「個人」は、現実には家族と産業社会に包摂されていき、次第に社会秩序にはめ込まれて、どんどん非利己的な方向へ人間性を変えるのだ。このように、社会全体が有機体的な社会領域である「家族」と「産業社会」へと「個人」を包み込むことで、社会秩序のなかへ人々は無理なく統合されていくのだ。これが「社会静学」の考えた社会秩序の成り立ちの論理だ。

スペンサー　「社会静学」とは、いかにして社会秩序は可能かという問いを研究する分野だった。コントは、カソリックの教会のイメージを踏み台にして、垂直的な序列的な関係一般として抽象し、それを近代的な「家族」と「産業（企業）」のなかに「発見」していったということができる。だからコント自身がこう言っている。「社会は、……（中略）、**あらゆる時代、あらゆる場所に共通の基本構造を持つものとして**検討され、個人によってではなく家族によって構成されたものとして考慮されるであろう」(30)

マルクス　コントの実証哲学の体系においては、数学、天文学、物理学、化学、生物学、社会学の順序で、実証精神が発展してきたとされている。無機的なものから有機的なものへという進化の考えがここに現れている。社会学が成り立つためには、直近の生物学が踏まえられている。生物学は人間をどう見ているかというと、コントによれば、動物的要素を共有している以上、人間は情緒的であり、かつ利己的な存在だということになる。しかしコントは、あるべき人間性を利他的な社会性に見ている。だから理論的に言うと、生物学から借りてきた、超歴史的な孤立した個人論を前提にしながらも、垂直的序列のなかで情緒的・利己的な面を抑え込みながら、知性を媒介にした社会的人間になれるはずだと見ているわけだ。だから、利己心批判はやや中途半端だ。なぜなら理論全体で見ると、情緒と知性、利己と利他は絶えず二元的に並列し、後者が勝ろうとしているプロセスのなかに、人間はあるものとみなされるからだ。

これは、ドイツ観念論がやったのと非常に似かよった理論構成だ。カントは傾向性と言って、人間の利己心があると認める。しかし、それだけだと公共性が生まれないと考えて、市民の公共性は傾向性を抑制するような高い英知、つまり理性によるとみなした。言いかえると、一方に利己心、他方に理性があり、この相互作用でだんだん理性が勝ると見ている。二元論だね。ヘーゲルにも同じような問題がある。ギリシアのポリスでは共同体的人間が存在したが、共同体が解体して利己的な人間が生まれたと、彼は言う。そこで問題は、利己的人間がどうやって市民的公共性を持つ人間へと陶冶されるかだということになる。カントと同じ問題設定のなかで事柄を考えているんだが、ヘーゲルがカントよりも進んだのは、官僚制を持ってきたところだ。すなわち国家官僚制において、官僚の私益は公益と合致するというのだ。お国のために頑張れば、自分の給料が上がるわけだからね。こういうかたちで、ドイツ古典哲学は、利己的人間は公共的人間へ変身できると考えた。だが、こういう考えは嘘臭い。どこの国の国家官僚制も、それほどきれいごとで動いているわけではない。むしろ、私利のために国家予算を食い物にするという腐敗が起こる。

ヘーゲルとコント

マルクス　コントへ戻ると、同じような問題を「産業社会」と「企業」のなかで考えた点は、産業革命以前の状況にいたヘーゲルと比べれば、歴然たる進歩だった。ただ、コントが想定したように、産業社会化によって、利己的人間が減って、利他的人間が増えていくと果たして言えるだろうか。たしかに産業社会が定着するのだから「自発的従属」がそれを支えているのだ。コントの言う作業者、ぼくの言う賃労働者は、企業＝資本のヘゲモニーに従うのだから、コントの想定どおりだと言える。しかし、それが本当に近代的エゴイズムの超克なのかといえば、ぼくとしては本質的な疑いを持たざるをえない。現実的に近代的個人の存立条件が、企業の出現で一八〇度変化するとは思えない。その証拠もないよ。

ただし、ぼくはコントの利他主義への思い入れが、どれだけ疑わしいものであろうと、これが社会学をつくる大きな原動力になったことは認めていいと思う。

コントの「基本構造」という発想は、いつの日にか人間は完全に「自由・平等・友愛」の社会へ到達しうるという啓蒙主義的ユートピアを完全に排除した理論である。君の保守的なイデオロギーを好まない人もいるだろう。しかし、保守的な立場に立っていたからこそ、近代社会のあらゆる領域——個人・家族・社会（産業社会）——に実在する秩序的な側面を発見することができたということは疑えない。

コント　褒められたのか、それともけなされたのか、よくわからないが、言っていることはそのとおりだ。

マルクス　弁証法というのはそういう論理だ。悪からは悪のみが生まれ、善からは善のみが生まれる、というほど、世の中は単純ではない。君の保守的な感性が、かえって最も近代的な産物たる企業を捉えた。これは社会学にとって幸運だった。

社会動学

コント　では、私の「社会動学」を検討するとしよう。スペンサーも同じような区分を使うが、違う点がある。私は一八二二年に『社会再組織に必要な社会的作業のプラン』を発表した。これが「社会動学」の内容を打ち出した最初のものだ。

私は知識の三段階の法則を定式化した。知識の段階とは、神学的――形而上学的――実証的という変化を指す。物事をなんらかの神がかりの理屈で説明するような初期的な段階から、観察にもとづいた実証的なやり方へと移っていくということだ。知識の側のこうした変化は、軍事社会――過渡期社会――産業社会という、社会の側の段階的変化に対応する（表1）。

表1　知識の三段階の法則と社会変動

知識の段階	神学的	↓	形而上学的	↓	実証的
社会の段階	軍事社会	↓	過渡期社会	↓	産業社会

ここで、第二の段階に注目してほしい。神学的知識が支配する軍事社会を否定する途上で、形而上学的な知識が支配する過渡期社会がここに現れる。これは具体的に言えば、フラン

ス革命の時期の知識と社会のことをイメージしている。ルソーをはじめとする啓蒙思想の理論は、自然権、人民主権、社会契約論などだった。人間は自然によって付与された人権を持っており、これを実行に移すことによって旧社会を変革できるとした。しかし、その知識をよく考えてみると、天賦人権論というのは、観察によって裏づけられるものではない。いつ誰が人々に人権を与えたのか、観察した人はいないのだ。観察できない事柄に依拠する知識は現象を越えた知であり、形而上学的というほかないドグマだ。過渡期社会というのは、だから、市民革命が達成されたのに、まだ産業社会に移行していない段階のことを意味する。つまり、それはフランスの古典的市民社会のことだ。この段階がなぜ過渡期かと言えば、そこに神学的段階に酷似した形而上学と産業社会で開化すべき実証的知識が混在しているからだ。啓蒙思想の形而上学的特徴は、神学的なものから実証的なものへの移行期だったということになる。こうした診断にもとづいて私は、軍事社会と神学的知識、過渡期社会と形而上学的知識、そして最後に産業社会と実証的知識という、知識と社会のセットの三段階からなる動学を打ち出した。私はこの法則をまず素描し、その後の知見と動学的な説明を加えて『実証哲学講義』の「社会動学」で詳しく論じた。

スペンサー　おれの「社会動学」はイギリスを表象してつくった理論だ。イギリスでは、軍事型と産業型の中間に置かれた過渡期社会が目立たない。小経営者社会は一四〜一五世紀ごろのヨーマンの段階として実在したが、フランス革命のように小経営者社会を自覚的につくり出すという切迫した意識はわれわれにはなかったからだ。一六八八年の名誉革命以降、地主のブルジョワ化が進行し、資本主義的農業の拡大とともに、小経営者は激減したのだ。農村の雇われ農民、都市の工場労働者が出現するとともに、すんなりと産業型社会へ移行したというわけだ。

知識の三段階の法則と近代二段階論

コント　私は、知識の三段階の理論は、後に一般化された歴史認識を考慮して再定義すると、近代化の二段階論を打ち出したものだと言ってよいと思う。『実証哲学講義』で歴史の時期区分をするとき明らかにしたことだが、フランス革命が近代の第一段階であることは認めなくてはならない。第一段階はふつう「民主化」と言われているものだ。だから、sociétés modernes という概念を目次に入れておいた(31)。これが軍事社会を打倒したのだ。革命を支持する知識は、「自由・平等・友愛」という絶対的なドグマであった。これは、ルソーの思想の影響だ。彼らルソー主義者は、一国一城の主《あるじ》という意識を抱き、自分は他人からアゴで使われたりはしないぞというプライドを持っている。ところが前に述べたとおり、フランスはイギリスとの産業化のギャップを短期間で埋めなくてはならない。急激にフランスの産業革命期を迎えねばならない。産業革命は復古王政期に始まったのだが、これを止めてはならない。ゆえに産業革命期のことを、私は近代の第二段階と考えたのだ。近代の第二段階で、ルソー主義者たちによってつくられた市民革命後の社会を、急速に産業社会へ移行させる必要があった。ふつう「産業化」と言われているものを、私は啓蒙思想家たちが気づかなかった新しい目標として提案したのだ。過渡期社会をその哲学的基盤とともに壊さなくてはならない。このことを歴史認識に引き寄せて定式化したものが、近代の二段階論だ。あの知識の三段階の法則は、市民革命（軍事社会から過渡期社会へ）と、産業革命（過渡期社会から産業社会へ）を包括するものだ(32)。

「社会静学」で私は、社会秩序の核心が「自発的従属」であることを明確にした。これを受けて「社会動学」で、産業社会における階層制を三つの階級からなるものと掴んでいる。第一ランクに銀行家、第二ランクに商人と製造業、第三ランクに農民が位置する。私は、このヒエラルキーを動的に扱い、いずれもっと産業が進めば、具体的な労働をおこなう「作業者（opérateur）」と抽象的な労働をおこなう「企業者（entrepreneur）」に階級が二極化すると予測を立てた。つまり、「社会静学」で企業内の一般的機能と特殊機能の差異が、上位と下位の違いだということに触れておいたことを、「社会動学」を展開した箇所で、より動学的に説明したのだ(33)。作業者は、いろいろな用途の違いに従って何か特殊な個別的作業をおこなう。だが、これらの特殊な作業を全体としてまとめあげることはできない。それをおこなうのが一般性の高い機能だ。一般的な機能の遂行者たる「企業者」が上位にいて、下位に置かれた「作業者」たちを指導する。けっきょく、私の社会学の最終的結論は、管理労働論であったというふうにまとめても間違いではないだろう。

マルクス　整理すると、小市民的な生産様式は個人の独立の源泉であって、これはルソーらの啓蒙思想の基盤というべきものだ。しかし早晩、資本はこれを排除するようになる。なぜなら資本は、産業革命が求める機械体系を前提とする資本――賃労働関係を全面化しようとするからだ。ぼくはそれを「産業資本主義」と呼ぶ。産業資本主義が、小経営的生産様式を食いつぶして登場することは避けられない。小経営者は没落し、一部の上昇する者を圧倒して、大方はプロレタリア化する。コントの言う過渡期社会は、ぼくの言う小経営的生産様式に符合する。そして、コントの産業社会は、まさしく産業資本主義に対応するわけだ。したがってコントの近代二段階論は、小経営から産業資本主義へという、ぼくの歴史認識に非常に近いのだ。管理労働の話はまたのちほど扱うことにしよう。

何のために社会学をつくったか

スペンサー　最後にコントに伺いたい。いったいあなたは何のために社会学をつくったのだろうか？

コント　もうおわかりだろう。私はフランスの行く末を大いに案じたのだ。フランスは新しく到来すべき産業社会をつくれるのか。この課題に私は支配階級の一員として迫り、これに明確な答えを与えた。社会学というジャンルを樹立することは、その答えと不可分だった。啓蒙思想は、平等な自由を持つ個人を絶対的なドグマとする考え方だ。**私は、啓蒙思想を排除し、産業社会の垂直的人間関係を全国民に呑み込ませるためにこそ社会学をつくった**。それは他の学問ではできなかった。政治学や経済学は、すべて啓蒙思想と同様の利己的人間をベースにした学問だった。しかし、産業社会が必要としたのは、上位と下位の間に生まれる指導と被指導、企業者と作業者の上下関係＝従属関係だ。能力や所得や地位の差を当然なものとして受容し、優秀な「企業者」を育て、彼らのリーダーシップのもとで懸命に働く「作業者」の「自発的従属」を調達することが、来たるべき産業社会の構図だ。いわゆるポスト産業社会の議論が後になって出てくることは知っているが、産業社会の構図を根本的に変えるものとは言えない。ポスト産業社会も産業社会の一種だよ。

マルクス　何か新しいものが生まれるときには、時代の大きな節目というものがある。

コントはその節目に立ち会った。そしてその節目を支配者側に立って見つめた。

スペンサー　コントが何のために社会学をつくったかが明確になったところで、われわれはモンペリエを去り、イギリスのダービーへ舞台を変えよう。

《注》

（1）コントが影響を与えた人々や団体をあげておく。弟子にあたるÉ・リトレ、イギリスの社会学者で『実証哲学講義』を抄訳したH・マーチネスの他、J・エリオット、J・S・ミル、H・スペンサー、E・デュルケム、コント協会、ブラジル共和国、一八七五年にコントを紹介した西周の他、建部遯吾、外山正一、有賀長雄、清水幾太郎、新明正道、田辺寿利、阿閉吉男、本田喜代治など。

（2）Pickering, Mary ,1993, *Auguste Comte An Intellectual Biography*,Cambridge University Press,vol.1,p.9.

（3）ヘンリー八世が一五三四年に首長令を出した。これによってカソリック教会領を国家領に転化させることができた。大陸からプロテスタントが流入し、一七世紀にピューリタン革命が起こる。こうして国家領を次第に自作農や富農に分与した。

（4）C・サン＝シモン（一七六〇〜一八二五）。フランスの社会思想家。封建体制に代わって産業人の支配する社会を理想とする、初期社会主義者。一八一七年コントに出会い助手にしたが、一八二四年に決別した。翌年自殺。

（5）「産業」という言葉は散発的に一六世紀からあるが、一つの制度を指す言葉として使われるのは一八世紀になってからのことである。スミスが『国富論』（一七七六）に使っている。カーライルが一八三〇年代に「産業主義」という用語を使った。これは「産業に由来する社会システム」を表すために使われたが、ドイツやフランスで一七九〇年代以降「産業」という言葉が使われていたことがあったからだという。R・ウィリアムズ『キーワード辞典』平凡社、二〇〇二年、一六二頁。コントは、「産業社会」という言葉をつくっただけでなく、マクロな産業社会を「企業」という単位まで分析したという点に先駆性を持つ。

（6）第三身分とは、旧体制における僧侶、貴族に次ぐ平民のこと。商人、職人、農民など全人口の九八%を占めた。E・J・シィエス『第三身分とは何か』岩波文庫、二〇一一、を参照。

（7）A・コント「一般近代史概論」、杉本隆司訳『コント・コレクション　ソシオロジーの起源へ』白水社、二〇一三、七五—七六頁。

（8）同、七六頁。

（9）同、七六—七七頁。

（10）同、五四頁。

（11）Comte, Auguste,1969,*Cours de philosophie positive*,in Œuvres d'Auguste Comte,Editions Anthropos,tome Ⅳ.Paris,p.452.〔以下、Coursと略記〕A・コント、霧生和夫訳「社会静学と社会動学」清水幾太郎編『世界の名著　コント　スペンサー』中央公論新社、一九八〇、二五二頁。

（12）Comte,A,1969,*Cours*,tome Ⅳ,p.461.訳、二五八頁。

（13）Comte,A,1969,*Cours*,tome Ⅳ,p.455.訳、二五四頁。

（14）Comte,A,1969,*Cours*,tome Ⅳ,p.461.訳、二五八頁。

（15）神戸大学外国法研究会編、一九五六、『現代外国法典叢書（14）佛蘭西民法〔1〕人事法』有斐閣、二一〇―二一九頁。

(16) 同、三五七頁。

(17) Comte,A,1969,*Cours*,tome Ⅳ,p.457.訳、二五五頁。

(18) Comte,A,1969,*Cours*,tome Ⅳ,p.456.訳、二五五頁。

(19) Comte,A,1969,*Cours*,tome Ⅳ,p.432.訳、二四〇頁。社会性とはソシアビリテ(sociabilite)。

(20) Comte,A,1969,*Cours*,tome Ⅳ,p.489.訳、二七四頁。

(21) Comte,A,1969,*Cours*,tome Ⅵ,p.545ff.

(22) Comte,A,1969,*Cours*,tome Ⅳ,p.489.訳、二七五頁

(23) エミール・デュルケーム、佐々木交賢、中嶋明勲訳『社会科学と行動』恒星社厚生閣、一九八八、一一七頁。正確には「社会静学の対象は、コントも理解しているようにほとんど不明確である」。

(24) Comte,A,1969,*Cours*,tome Ⅳ,p.489.訳、二七五頁。

(25) Comte,A,1969,*Cours*,tome Ⅳ,p.493.訳、二七七頁。

(26) 河野健二編『資料フランス革命』岩波書店、一九八九、二五六頁。

(27) 山本桂一『フランス企業法序説』東京大学出版会、一九六九、六頁。

(28) Comte,A,1969,Discours sur L' esprit positif,Œuvres d'Auguste Comte,Editions Anthropos paris,tome **Ⅺ**,p.86. A・コント、霧生和夫訳『実証精神論』、清水幾太郎編『世界の名著　コント　スペンサー』中央公論新社、一九八〇、二一六頁。

(29) ibid.p,86.同二一六頁。

(30) Comte,A,1969,*Cours*,tome Ⅳ,p.469. 訳二六二頁。
(31) Comte,A,1969,*Cours*,tome Ⅴ,p.394.
(32)「民主化」と「産業化」は、さまざまなケースで繰り返し登場する。日本の敗戦後の「民主化」のあと、農地改革で自作農が創出された。フランス革命後に小農社会が生み出されたのと相似した状況があった。その後、高度経済成長という「産業化」を引き起こすために日本政府は小農解体をすすめた。「民主化」はより多く人権と民主主義に関わり、「産業化」はより多く企業と生産力に関わる。「民主化」はある程度達成されたという理由で、「産業化」へ国民目標を切り替えていく際、コントの近代二段階論は有効である。
(33) Comte,A,1969,*Cours*,tome Ⅵ,p.528.

第二部　スペンサーの社会学（1）

H・スペンサー（1820～1903）は、イギリスの社会学者。代表作は『社会静学』（1851）、『社会学原理』（1876～96）。
「世界の工場」となったイギリス産業型社会の原理を解明し、もう一人の社会学の創始者となった。
「社会静学」において「市場」の均衡による社会秩序形成を「自発的協同」として捉え、また「社会動学」では、軍事型社会から産業型社会への進化を解明した。

出所：http://global.britannica.com/biography/Herbert-Spencer

（ダービーに到着する）

コント　ドーバー海峡波高しだったが、いまは海底トンネルを通って簡単に行き来できるんだなあ。パリ――ロンドン間がわずか二時間だよ。驚いたな。

マルクス　ぼくは、パリ、ブリュッセルへと逃亡し、イギリスのチャーチストたちに逢いたくて一八四五年にイギリスを旅した。君の叔父さんも、たしか若いころはチャーチストとつきあいがあったということだね。

スペンサー　そのとおり。叔父とおれの小さい距離が、イギリス社会学の起源に一致するのだよ。ともあれ、第二部に移ろうか。スペンサー社会学の起源は、言い換えればイギリス社会学の起源でもあるんだ。

（ダービーのパブに入る）

生い立ちから

スペンサー　じゃあ生い立ちから始めよう。おれは小ぶりな産業都市ダービーで、一八二〇年四月二七日に生まれた。北西にマンチェスター、南東にロンドンがあり、ダービーはその中間にある。この街はロンドンよりも早く産業革命を迎え、イギリス産業革命を牽引した。繊維、陶器、機械工業にひいでていた。現在、産業博物館になっている場所は、一七一七年に設立された世界初の水力式製糸工場跡だ。父はウィリアム・ジョージ・スペンサー、母はハリエットといった。父は小さい家をたくさん持っていて、地代で収入を得ており、教師もしていた。子どもはおれ以外に八人生まれたが、皆死んだ。けっきょくおれは一人っ子になってしまった。それで父は非常な英才教育をした。おれの家はまあ言ってみれば、ダービーの知的なブルジョワ家族だった。町には学会があって、『進化論』で有名なチャールズ・ダーウィンの祖父が、一七七三年にダービー哲学会を設立した。おれの父は、哲学会の名誉秘書を勤めていた。

父はおれを正規の学校には短い期間しか行かさず、もっぱら家で教育した。また一三歳の時から一二〇マイル離れたヒントンの街に住んでいた叔父のトーマス・スペンサーに預けた。トーマスは聖職者で、急進的な自由主義者でもあった。一三歳から一六歳まで、かなり偏った教育を受けた。ギリシア語、ラテン語、フランス語を教わったが、歴史、詩、

創作なんかは除外されていた。

父の助手をしていたチャールズ・フォックスという土木技師がいて、一八三七年に、彼はロンドン・バーミンガム鉄道に採用されたので、おれも助手の技師として雇われた。イギリスの鉄道は民間がつくったのだよ。

おれは小さいころからダービー哲学会に出入りしていて、天文学とか文学の話をそこでたくさん聞いたね。文学には縁がないようにみえるかもしれないが、おれは一九〇二年に、ノーベル文学賞の候補に推薦されたことがあるんだ。社会学以外にもいろいろ本を書いたが、一八六四年の『生物学原理』で「適者生存（survival of the fittest）」という用語を使った。それが、後にダーウィンの『種の起源』第六版（一八七二）でとり入れられた。

なにせおれの代表作は『総合哲学体系』（一八九六）と銘打ったもので、そのうちの一部が『社会学原理』なんだ。大きく掴めば、進化論の思想で社会を考察したものと言ってよい(2)。

コント　私の社会学と君の社会学は、どうも用語が似かよっているから、「スペンサーが真似をしたのではないか」と悪口を言う人もいる。君はどう思っているのかな。

スペンサー　いや、実に迷惑な話だ。そうした誤解をきちんと解きたいものだ。

マルクス　社会学の創始者と言ってよい二人をめぐって、そうした誤解があるとすればいただけないな。本書でその外見的な類似にもかかわらず、内容の違いがあることを明確にできたら、意義深いことになるだろう。

スペンサー　そう。実家の宗教的雰囲気は、まずコントと違っていたんだ。おれの根本思想は、かなり父と叔父からの影響を受けている。宗教的には福音主義的プロテスタンティズムなんだよ。

コント　私がカソリック信徒の家族に生まれたのと対照的だね。

一五歳で発表した「救貧法について」

スペンサー　イギリス国教会の秩序に対して非同調だから、国教会のやることなすことに反発することになる。叔父から受け継いだ急進的な自由主義を、おれはさらに徹底したんだ。国教会に非同調という立場は当然、反国家的だ。この反国家は自由放任主義に結びつきやすいんだね。

おれの社会学の原型を探るなら、一五歳の時に書いた「救貧法について」(3)を読まなくてはならない。それは、おれが書いた最初の社会問題論だ。幼稚なところはあるが、ここでおれの社会思想は完全に決定したよ。大げさではない。

コント　一五歳で論文を書くとは凄いものだ。早熟という言葉は、まさに君のためにある。

マルクス　その論文は君の社会学と深いつながりがあるのかな。

スペンサー　おおありだ。まずこの論文は、旧救貧法（一五九七）を改正した新救貧法が一八三四年に出たことを受けている。ご存知だろうが、新救貧法というのは、院内救済、劣等処遇、全国画一実施という三原則で、窮民対策を国家がやるというものだった。叔父のトーマスは救貧法改革の旗手でね、杜撰に運営されるくらいなら、新救貧法は要らないという立場で論陣を張った。逆に言うと、厳格に運営するなら新救貧法はあってもいいということになる。しかし、おれは叔父の急進主義を一歩進めて、新旧どちらであろうと、またいかなる形態であろうと、一切の国家による窮民救済を全廃せよという立場をとった(4)。それが「救貧法について」だった。

この論文の要点は三つある。第一に、いかなる形態であれ、一切の生存権的な考え方の否定だ。第二に、新救貧法は怠惰をはびこらせる国家的誤りである。第三に、聖書の言う「働かざるもの食うべからず」のモラルは、一切の救貧法的なものと相容れない。

この論文は、私の一貫した思想を表現する出発点となった。五三歳のときにも、おれは明確に言っている。

「今日では救貧法はそれじたい、私がその真の意味を考えている点におけるレッセフェールの大きな侵害であります。……私はレッセフェールがたんに政治経済学の原理とみなされてよいとは考えません。そうではなくて、これは同時にもっと広大な原理でもあるのです。つまり、あらゆる市民をして、彼自身の行為に利益と悪とをひき受けさせる原理なのです。単に産業上の行動において結果として起こるのみならず、行為一般のうえに帰結することなのです」(5)

長い間おれは、レッセフェールはたんに政治経済学の原理ではなく、全市民の道徳の問題であると感じていた。救貧法批判は我がスペンサー社会学を貫く、一本の赤い糸なんだ。

コント　救貧法に似たものはフランスにもある。一七九三年憲法を私はあまり評価しないが、「公的救済は神聖なる負債である」としている。たとえ金がかかっても、国家は窮民を救済すべきなのだという考え方だ。

マルクス　スペンサーの思想が一貫して反救貧法だったというのは、どういう意味を持つのかな。

イギリス社会学の起源

スペンサー　いい質問だ。この質問は、社会学はいったい何かということに直結している。そもそもどういう必然性があって社会学は生まれるのかという大問題だ。

おれは「社会学」という言葉を、コントが創始したものと認める。友人だったJ・S・ミルは、一八四三年にコントについて『論理学体系』で論じ、このときにイギリスに「社会学」という言葉がはじめて紹介された(6)。だからコントから社会学が輸入されたのだ。そして、おれが自分の学問をほかならぬこの「社会学」という言葉で特徴づけたことは、ほかにぴったりくる言葉がなかったからだ(7)。ではいったい何がぴったり来たのか、そこが問題の焦点だね。

コントの場合、産業の指導者のもとへ作業者を従属させる必要性があったから、社会学が生まれたと理解できる。では、おれの場合はどうか。おれは、コントより二二歳若い。だから、コント社会学を範型にして、スペンサー社会学が生まれたことは否定できない。どれほど早く見積もっても一八四〇年代、『社会静学』の出版にメルクマールを置くなら、一八五一年にイギリス社会学は誕生したということになる。

後で解明するように、コントの「社会学」という言葉と関連するいくつかの用語をおれは使った。けれども内容はまるで違うのだ。しかし、その点をここでは脇に置いて、学問が登場するタイミングをめぐって、疑問が出てくるだろう。フランスで産業革命期に社会学が生まれるものであるならば、イギリスでは一八世紀末にすでに社会学が生まれていてもよかったはずではないのか。それが一九世紀中盤へずれ込んで、おれの登場を待たねばならなかったのは、いったいどういうわけだろうか。

マルクス　たしかにそういう疑問が起こるね。一八世紀末というと一七七〇年代がイギリス産業革命の始まりだが、その時期に出てきたのは社会学ではなくて、A・スミスの古典派経済学だった。

スペンサー　イギリスの学問史を見ると、A・ファーガソンの『市民社会史』（一七六七）は、まだ社会学とは呼べない。一八世紀末には、まだ社会学を樹立しようと考えた者はいなかった。それは、おそらく理由があることに違いない。なぜイギリスではなく、フランスで社会学が誕生したか。なぜイギリス社会学は後を追うことになったのか。またフランス社会学の用語を借りて、イギリス社会学が登場したにもかかわらず、どういうわけでフランス社会学とは内容が違うことになったのか。しかも内容が違うにもかかわらず「社会学」という同じ用語で、この新興学問を呼ぶのはなぜか、という問題だ。

これらは、昔から問われてきたものだが、あらためて整理してみなければなるまい。

コント　イギリスの社会学史家Ph・アブラムズは『イギリス社会学の起源』（一九六八）という本でこの問題に取り組んだ(8)。しかし、結論は曖昧だった。とくにスペンサーがイギリス社会学の創始者である点を分析していない。だからここであらためて、私とスペンサーの社会学の起源を、両者の異同を含めて一挙に説明してみようではないか。

スペンサー　いま提起されたのは、社会学史にとっては決定的な問題だ。おれも、自分がやった仕事をその時どきに、本当に憑かれたようにやったものだったから、仕事の客観的意味が何かを掴みたいと思っているほどだ。相当自覚的にやったつもりでいても、生前には掴めないことがあるものだ。だからいま、共同で解明できたらいいと思う。

その前に、おれとコントの社会学が似ているとか違うとか議論があるが、おれが一八五六年にパリのコント宅を訪問したことは有名だ。そのことをまず振り返っておこうじゃないか。七年後の一八六三年になって、おれは自分とコントを比べてこう述べた。

「コントの哲学において特徴的なあらゆる……点において、私は彼と意見を異にする。私は諸科学のヒエラルキーを否定する。私は知識の進歩を神学的、形而上学的、実証的という三段階に分類する彼のプログラムを知っているが、それは皮相なものだ。私は、彼の人類教を完全に否定する。彼の社会についての考えが、私は内心とても嫌いだ。さほど重要でもない見解のうちのいくつかを私は受け入れる。だが、ひとつの体系としてのコント主義を際立てている全てのものに、私はまったく同意できない」(9)

付け加えておくが、おれは知識の三段階の法則を「社会動学」として皮相と思っただけでなく、「社会静学」のほうでも意見が違うのだ。そもそもおれのこの出世作は、最初は「Demostatics」というタイトルにするはずだった。叔父のトーマスも静学（Statics）はよくないと反対した。だが、けっきょく「Social Statics」に落ち着いた。不幸にもおれは出版に際して、コントがフランスの哲学者だということしか知らず、まして彼が「社会動学」との対で「社会静学」を発表していたことなんて知らなかったんだ。知っていたらこのタイトルを断じてつけなかったよ(10)。英語版抄訳の『実証哲学講義』(Harriet Martineau訳)を読んだのは一八五三年より後だ（自身では一八五四年三月ごろと証言）。だから、コントの体系を真似たわけではない。むろん「静学」と「動学」という区別は、生物学のなかにあったからそれは知っていた。著書のタイトル名の一致は偶然であるし、読んでもらえばわかるが、「社会静学」および「社会動学」の内容は、コントのそれとはおよそ似て非なるものだ。

『社会静学』への道

スペンサー　一五歳の時の論文「救貧法について」から一八五一年の『社会静学』へ至る中間点で、「政府の固有領域」（一八四二）という論文を執筆した。これらに共通するのは、救貧法は不要という主張であって、国家不介入主義の原理だ。そして、この原理を徹底していったところ、国家のなすべきことと、なすべからざることを厳密に区別できるようになったんだ。この結果をまとめたものが『社会静学』になったたわけだ。

コント　新救貧法批判から『社会静学』が出てきた。すると、スペンサーの「社会静学」は、その狙いに合致するような理論的特徴を持つのだろうね。

スペンサー　そのとおり。『社会静学』は、近代人の幸福とモラルの問題を基礎に、社会秩序がいかにして達成されるかについて書いたものだ。社会秩序には非常に複雑な階梯がある。根源的なものは私的所有権だ。だからこの点を押さえて、次に表現の自由、女性、子ども、政治の権利など市民権の問題へ移り、そのうえで国家の守備範囲の問題を順序だてて扱った。一九世紀の自由放任主義がどのような原理を内包していたか、それが社会のいかなる変化をも超えて訴えかける明晰さを持つか、想像を絶するほど鋭いものだよ。

まず人間の幸福とモラルの問題から説きおこした箇所について。自由主義の伝統を重視して、おれは自由主義のモラルを「倫理学の第一原理」と呼ぶ。いろいろな原理があっても、そのなかで最も根源的な原理をそう呼ぶのだ。すなわち第一原理とは「何人も、他人の同等の自由を侵害しない限り、自己の望むことをおこなう自由をもっている」という原理のことだ。これがなぜ原理なのか。先取りするが、おれは一切の文明の目的は、人間が個別化することにあると見ている。個別化（individuation）とは、それぞれの人間がそれぞれに異なる専門を持ち、異なる関心を持ち、他と違った個性を持つように分化する（differentiation）過程のことだ。

おれは、ホッブズ以来の「自己保存」を資本家的立場で強化し、職業分担を遂行する競争能力の発展を賛美した。

公的救済は不要

スペンサー　だから個別化する個人が生まれることが社会秩序の源泉であり、目的となる。他と異なる仕事を追求する人は、別の人に間接的に頼りにされる。質の異なるサービスと仕事を、互いに交換する。人間を個別化するためには、民営化できるものはすべて民営化すべきなのだ。政府は市民権の保障に専念すれば十分だ。救貧法のようなものを国家が公費を使ってやるなどは、余計なお世話だ。個別化された個人の自発性が通る社会が、理想的なものである。貧困のために路上で暮らす人がいるとしよう。この人を助けてあげたいと思う人がいるなら、身銭を切って自分の財布から金を出して、その人を救うのが筋だ。救済者の自発的な発意がまっすぐに被救済者に届くなら、救済者の自発性は満たされる。これが市民の自発性のあるべき姿だ。ところが現実はどうだ。救貧税を国民に課して救済がなされている。これでは、救済者の市民的自発性は台無しにされる。救済者の意思が生かされるべきなのに、救済金は、救済者の個々の意思にもとづくどころか、公的救済を望まぬ人からも取り立てられて、しかもその金は自分の見たこともない窮民に届けられてしまうではないか。救済する者の善意が救済される者の感謝を生み出す。これが正しいあり方ではないのか。救貧法は、こういう市民的な自発性を遮断し、国家の強制力で、窮民をどこから来るとも知れぬ他人の金に依存させるのだ。自分の生活費を自立的に稼ぐことが、市民的道徳の根本だ。救貧法を制度化することは、人間を堕落させる悪だ。『社会静学』でおれは救貧法批判の原理を拡張し、公衆衛生、郵便局、鉄道、港湾、貨幣発行など、通常、国家の業務とされているほとんどの領域を全廃するべきだと述べた。すべてこうした業務は民営化すべきであって、民営化原理こそが市民的協同を拡大する道であり、人間を自由にする唯一の善なのだ。

一九七〇年代末から、イギリスのサッチャー政権、アメリカのレーガン政権が、福祉国家を解体して新自由主義を導入した。同じ時期に日本の中曽根政権も、国鉄と電電公社を解体した。こうしたことによって、文字通り一九世紀資本主義に復帰することができるわけではないが、ここにあげた三ヵ国のみならず、多数の国々が市場原理と小さい政府という経済戦略を多かれ少なかれとり入れた。福祉や教育の広範な領域の公的サービス、生活上必要なインフラ整備は政府の業務から外され、民間企業へ移された。これこそが、おれの『社会静学』の根本思想である。だから、世界がスペンサーを再評価するようになったのだ。

市場論的なスペンサーと企業論的なコント

コント　「市場」への高い評価だね。秩序へのアプローチが私とはぜんぜん違うんだね。スペンサーは「市場」から秩序を論じ、私は「企業」から秩序を論じた。なるほど、同じ「社会静学」という分類でも、内容は君独自のものだね。

スペンサー　市場メカニズムを適者生存の問題へ結びつける『社会静学』の理論の要点は、次のようなものだ。

「まさしく自然の定めによって、身体は環境に適応（fitness）しなければならないのと同じく、精神は環境に適応するように強制される。いずれの場合であろうと、根本的な欠陥は死の原因となる。愚鈍、悪徳、怠惰のどれかのために死ぬ人間は、哲学的に一般化すれば、弱い内臓や奇形の肢体の犠牲となって死んだ人々とまったく変わらないと位置づけられるべきだ。愚鈍、悪徳、怠惰のために死ぬ人間は、身体的な原因で犠牲となった人々と同じく、運命的な不適応(non-adaptation)を抱えているのだ。それが道徳的な不適応か、知的な不適応か、肉体的な不適応かは、理論上どうでもよいことなのだ。こういう具合に不完全である人々は、自然が生んだ失敗作である。だから、自然の失敗作だと知られたときには、自然の法則に従って、存在を取り消される。その他の人々と一緒にこれらの人々は裁かれる。人々が生きるに十分なほど完全なら生きるのだし、彼らが生きるのはよいことである。生きるに十分なほど完全でないなら、彼らは死ぬのだし、死ぬのが最もよいことなのだ」(11)

コント これほど冷淡な市場メカニズム論は、私の「社会静学」にはまったくないね。

マルクス まだ難問が解けたわけではないが、パリとロンドンとで、互いに異なる二つの社会学が一九世紀半ばに誕生した。コントとスペンサーが、用語は似ていても内容は実に違うものをそれぞれ出してきた。ヨーロッパ文明のイギリス側と大陸側とに異なる欲望があって、それを二人が表現しているということではないかと思う。英仏の社会の違いに問題を解くヒントが宿っているように思うが、どうだろう。

スペンサー そのとおりだ。だがそれをはっきりさせるために、今度は「社会動学」を見ておきたい。おれの「社会動学」は『社会学原理』(一八七六～一八九六)にまとめておいた。ここでいわゆる社会変動を扱う。先ほどから議論されているが、コントと用語はよく似ている。過渡期社会といった中間段階はおれの場合、あまりめだたない。だがそれはまた後で補足しよう。まずはともかく軍事型社会から産業型社会への変動を要約しよう。

軍事型社会と産業型社会

スペンサー　まず軍事型社会の特徴はこうだ。

①軍事型社会とは、戦争を目的とする社会だ。軍隊とは戦争に動員された国民であり、それゆえに軍隊と国民は共通する単一の構造を持たねばならない。各人の生命・自由・財産の権利はなく、国家がその大部分またはすべてを所有する。

②軍人が集権的管理権を握る。軍隊の首領が政治的元首、独裁者、高官になる傾向があり、最高指揮官――将軍――部下の上下構造が形成される。

③社会の産業部門は、持続的兵站であって、政治的――軍事的構造の必要物を供給する。

④絶対的従属は最高の徳であり、不従属は永久の拷問によっておびやかされる罪悪である。

⑤個人と国家の関係において、個人は全体のためにあり、全体は個人のためにあるのではない。一人（unit）の権利は無であり、集合（aggregate）の権利はすべてである。

⑥軍事型社会は、強制的協同（compulsory cooperation）によって維持される。

以上六点の特徴づけをみると、国家対社会（市場）という区分で物事をみていることがわかる。軍事型社会とは、政治権力を軍人が握っており、社会（市場）が兵站活動にされているような段階だ。社会もまた軍事に対して奉仕することを自明とする。軍事型社会には、上下関係＝従属関係から自由な社会は存在しない。それゆえに個別的個人もまだいない(12)。

次に産業型社会の特徴をみよう。

①平和のなかから財産権を認識するケースが登場する。生命・自由・財産の権利は単純な社会から複雑な社会へ、徐々に進化する。

②産業活動の展開するところでは、固いヒエラルキーを持つ軍事型の規制システムが衰退する。

③社会の産業部門が政治的――軍事的組織から独立する。主人が奴隷を働かせる原初的状態から、働く人と雇う人、売る人と買う人が完全に独立しているような状態へ向かって、自由が増大する。食糧、ファッション、娯楽にかかわる生活様式をコントロールすることは拒絶され、生産や交易の規制は許されないようになる。商品と自由交換（free exchange）が支配する。

④あらゆる種類の行為に広がっていた権威に代わって、市民が主権者であり、国家は市民の意志を実行するためだけに存在するという原理が発生する。
⑤市民の個別性が社会によって擁護される。命令で強制された画一的信仰に代わって、自由な信仰の多様性が広がる。
⑥産業型社会は、自発的協同（voluntary cooperation）によって維持される。

以上のように産業型社会は、軍事型社会を逆転して「商品と自由交換」、つまり市場領域が国家的規制から自由になっていく過程で登場する社会型である。しかもここで注目すべきなのは、商品交換によって「雇う人と雇われる人」の関係が構築されることを論じている点だ。ここに新救貧法後の全面的商品交換というテーマが入っている。雇用関係とは、労働市場で互いに欲しいものを持っている人同士の関係とみなされねばならない(13)。

およそ、産業型社会論というのはこういう議論なんだ。コントの産業社会は、生産力の発展のために人間が一丸となる社会であって、面識のある人々が「企業」の上下関係＝従属関係をつくるという意味で、軍事社会と似た上下関係＝従属関係なのだ。これに対して、おれの産業型社会では、そうした上下関係＝従属関係は排除されている。つまり国家から自由な圏域で、面識のない人々が交換によって間接的に協力し合っているところをクローズアップしている。そのぶん、軍事型社会との断絶はより鋭くなる。こうした諸点で、コントの「企業」からのアプローチと、おれの「市場」からのアプローチの違いは極めて対照的なんだ。用語は似ているが内容は違うわけだ(14)。

市場の歴史的変化

マルクス　なるほど、非常に興味深くうかがったよ。いま簡潔にまとめられたスペンサー社会学の「社会動学」の内容を、歴史的にどう位置づけることができるだろうか。ぼくは、スペンサーが「市場」を中心に据えて歴史区分をおこなっている点に注意を向けたい。

ところで市場は歴史的に絶えず変動するものだ。市場の形態変化を考えるとき、「労働力の商品化」というぼくの概念に注意して欲しい。これは、経済学批判の過程で決定的に重要な概念であって、これをきちんと説明できるようになるために二〇年を費やしたほどだ。資本主義という概念はむろん重要だが、そもそも資本主義とは何かということを理解するためには、「労働力の商品化」を理解してもらわなければならない。二一世紀の現在、労働力を売ることは常識になっており、労働力商品化を問いかえすことは希だ。しかし、人間が「売れっ子」になったり失業したりすること自体、とても不思議な現象だとは思わないかね。こうしたことがそもそもなぜ成立するかを、まず対象化してみる必要がある。

一八世紀から二〇世紀にかけて、イギリスでは市場が三つの段階で形を変える。第一の段階は一七世紀の市民革命から一八世紀末までの市場である。一七世紀のイギリス市民革命後の市場は、長い本源的蓄積過程をつうじてできあがった、地主＝農民のための前期的生存権の市場であった。K・ポランニーによれば、旧救貧法のあるイギリス社会はまだ不完全な市場しか持っていなかった。市民革命は地方貴族を残したが、地方貴族は徐々にブルジョワ化してくる。しかし完全にブルジョワ化したわけではなかった。彼らはトーリー党をつくり、農村に都市よりも有利な最低賃金制を設定し、高めの穀物を与えて、農産物の需要を保障する仕掛けをつくった。これを旧救貧法の一部であったスピーナムランド制と呼ぶ。この制度は、イギリスの田舎を牛耳っていたブルジョワ化しつつある土地貴族にとって都合のよいものだった。なぜなら地主たちは、彼らの支配下にいる農民や農業労働者に対する、温情と保護とをないまぜにした支配圏を維持することができたからだ。スピーナムランド制は、雇用された農業労働者の家計所得が一定額に達しない場合は、救済しなくてはならないと決めていた。このために公共の基金が準備され、農業労働者の生活費を補助するために使われた。こうして、進行中の土地囲い込みによって土地を失った農民がプロレタリア化するにはしたが、農村でのこの制度は人の流れをせき止め、完全な労働力商品化を阻止していた。労働力の商品化が阻止されると一般市場も万物商品化しないわけだ(15)。

第二の段階でスペンサーが出てくる。つまりこの段階が画期的に始まるのが一八三四年だ。ここを転回点にして、第二段階の市場は自己調整的市場になる。労働力商品化の停滞を根源から吹き飛ばしたのが一八三四年の新救貧法だった。一九世紀の都市の産業資本家は、かつては封建勢力に対して一致して立ち向かった農村地主＝ジェントルマンと、いまや決定的に袂を分かった。都市の産業資本家はもっと安上がりの労働力を欲しがるようになり、人々が都市へと自由に移動できるようにしたいと思った。そのためには、貧民を不当に保護する旧救貧法を破壊しなくてはならない。産業資本家層は労働者をひきつれて近代地主からヘゲモニーを奪い、一八四六年の穀物法廃止へと導いた。

労働者は、新救貧法が成立すると、一面では近代地主の支配から自由になりうる希望を見出したが、甘い話ばかりではなかった。というのも、他面で労働者は旧救貧法の保護を失い、もし失業すれば救貧院に収容される危険にさらされるようになったからだ。労働力の商品化を貫徹するために、イギリスはスピーナムランド制を含む旧救貧法を廃止し、新救貧法へ移行する必要があった。

これは資本家／労働者／窮民という質の異なる三つの階層をハッキリと序列化する垂直的な人口構成をとり、この窮民を恐怖にさらすことで人々を一貫した「生存競争」に投げ込む装置だったのだ。先を見越して言っておくと、自己調整的市場はここで成立したが、一九世紀末になると社会権的な発想が政治のなかに現れて、民主的に規制されるようになる。自己調整的市場としての自由貿易体制の限界が世界中に可視化されたのは、一九二九年の世界大恐慌においてである。しかし、労働力商品化をめぐる市場論対社会権論の攻防は、イギリスでは一八七三年から現れてくるんだ。一九世紀中盤は、自己調整的市場が内外で最も安定した時期であった。イギリス自由主義は、この時期に世界中を制覇した。先ほどの産業型社会の特徴を見てもわかるように、スペンサーは何よりもこの時期の思想家であって、政府よりも過激に反労働者的主張を展開した。

第三の段階は、自己調整的市場が壊れて、福祉国家と戦争国家が成立してくる段階だ。自己調整的市場が機能不全に陥ると、さまざまな矛盾が噴出し、政治の舞台でも自由主義が凋落するようになる。自己調整的市場が機能しなくなると、機能不全を補足するために国家が雇用、教育、医療など生活過程に介入せざるをえなくなる。こうして自己調整的市場は、福祉国家へと徐々に移行する傾向を示すようになる。

ここでは論じないが、第四段階がある。それは二〇世紀末以降、多国籍企業の台頭で福祉国家が解体される段階のことだ。いまは脇に置いておこう。ともかく、いまあげた市場の三段階は、労働力の商品化を軸に市場の変化を掴むための整理だ。こうすれば、スペンサーが現れた意味を掴むことができる。すなわちスペンサーは、自己調整的市場の未熟、完成、衰退という三段階の歴史過程のなかの、まさに第二段階に位置づけられるのだ。

同感論の変貌

スペンサー　いまの整理にかかわらせて言えば、おれの自由放任主義がA・スミスのそれとどう違うか聞きたがる人がいるだろう。スミスの自由放任は、まだ労働力を含む全面的な商品化まで到達していなかった。だが、おれの段階では自己調整的市場に達している。『社会静学』で書いたように、スミスは人間の利己心を本性とみなしている。おれはこれに同意する。だが、問題は利己心と同感の関係だ。スミスは利己的な人間が、他者に対する行動において互いの仲間意識を目覚めさせると説明し、利己心を規制する能力を「同感」と呼ぶ。つまり、「同感」が利己心を多かれ少なかれ抑え込むことが大事だと考えていたように思える。「同感」と利己心は矛盾するとまでは言わないが、規制する側とされる側だとスミスは考えていたのではないか。そうだとすれば、スミスは大事な一点を見落としていた。道徳感情というものは、純粋に利己的な人間の本性が互いに認め合う場合の共感的な愛着以外のものではない。もしも同感が得られず、利己心だけがあるとしても、決して非難されるべきではない。利己心が根本であって、他者の利己心に同感しうる範囲でのみ「同感」は起こるのだ(16)。

マルクス　ずいぶん割り切った考えだな。利己心が本源的なものであって、「同感」はもうあってもなくてもよいことになる。強者の利己心が公然と肯定される。君の「同感」論では、スミスの場合と違って、市民同士の想像上の立場の転換はもはや不要だ。なぜなら君が想定している利己心の振る舞いでは、皆が環境に適応することに必死だ。環境に適応する人は生き残り、不適応者は死んでしまう。こういう適者生存論には「同感」が入る余地はない。スミスの場合の生きた市民の「同感」という議論を消して、ただ環境に適応することをもって正義だと強弁する議論へ移行する。一八世紀のスミス的「自由放任」はヒューマニズムを持っていた。中層下層の人々の味方だというのだからね。ところが一九世紀になると、労働者や窮民を敵に回すアンチ・ヒューマニズムになった。スペンサー社会学が、ブルジョワ理論として労働力の商品化を全面化しようとすれば、これは避けられないのだ。

コント　先ほどのスペンサーの述懐は、非常に興味深いと思うんだ。イギリスが自己調整的市場の段階へ入ったときに、スペンサーの社会学が登場した。君の故郷であるダービーは、一八世紀後半からもう産業革命に入っていた。イギリスが先陣を切って産業革命を牽引していく。イギリスがトップランナーなんだから、自己調整的市場は外に向けて自由貿易となり、内に向けては全面的商品化となる。スペンサーの社会学が市場論のアプローチになるのは実に自然なことだ。

スペンサー　おれが商品経済の徹底的な貫徹という指標で、産業型社会論を展開した理由は、かなり明快になってきたようだね。コントが企業内部の上下関係＝従属関係にものすごく執着する理由は、市民革命が産業革命の邪磨をした面があったからだ。イギリスでは市民革命以前から労働力の商品化は部分的に起こっていた。市民革命は産業化へすんなりつながった。だから、市場の延長上で、地主と労働者をいかにして資本家が求める自己調整的市場のカテゴリーのなかへ巻き込むか、これがおれの社会学の内容になった。「同感」論の内容が変わったように、市場を強調する点で古典派経済学と似ているように見えても、やはり一段と市場が先へ進んでいるんだ。古典派経済学に比べて、おれはもうハッキリと反地主的＝反労働者的なところへ進んでいる。

コント　ううむ。聞いているとやはり英仏の段階の違いが大きいね。ひとしく産業革命期の歴史的な対応として社会学が生まれるというところまでは言えるが、スペンサーはとっくに反地主＝反労働者の段階までおこなっている。私は、まだ反小経営者の産業資本家の段階にあって、なんとか労働者をとり込もうとしているわけだ。

マルクス　二人の違いがかなり鮮明になってきたね。ぼくは、さらにこう付け加えたい。

スペンサーにとっては、内外の歴史的な事情がコントと違う。すでにイギリスは一八三〇年代には世界の工場となっていた。その助走からいえば、産業革命は一五八八年にイギリスがスペイン無敵艦隊を破って世界の制海権を握り、オランダをも制して世界を植民地化したことと関係がある。イギリス帝国は「太陽の沈まぬ国」と言われたほどだった。エリック・ウィリアムズの『資本主義と奴隷制』が解明したとおり「三角貿易は、イギリスの産業発展にたいして無尽蔵の貢献をした」(17)のだ。一七四〇年から一七八三年までの間にイギリスの溶鉱炉の生産高は四倍となり、溶鉱炉数は五〇％増えた。これがダービーにも影響して鉄道車体と路線を出現させた。イギリスの産業の覇権は全世界に植民地体制をつくったおかげだった。

スペンサー　イギリス帝国の世界支配のおかげで富は国内に集まり、結果産業革命をもたらした。どんどん産業資本家が強くなった。地主と労働者を牛耳れば一人勝ちの体制が仕上がる。商品経済の徹底的な貫徹が大義名分となった(18)。

マルクス　商品経済の量的な徹底だとスペンサーは言うが、見てきたとおり、スペンサーが商品経済の論理を徹底化していくとき、それは単に量的な意味だけでない。質的な転換がある。万物の商品化（量）のカギは労働力の商品化（質）だ。質的な制度改革が浮上する。それは、それまで封建制や重商主義との対決で共闘してきた、地主と産業資本家の間に利害対立が起こるということだ。労働者はこの局面で地主につくか、それとも産業資本家につくかの選択を迫られるとともに、独自の階級になろうとする力も芽生えてくる。だから産業資本家は、この局面で地主と労働者という二つの敵に直面した。それがスペンサーの置かれたポジションだ。フランスではまだ見られないような資本主義生産の発展段階で生まれてくる課題なのだ。産業資本家が地主を追い落とすとともに、労働者階級の社会運動に対して圧力を持って臨み、自由競争の意義を教えねばならない画期が到来したのだ。この画期は一八三四年の新救貧法登場の時点とぴったり合致するね。

社会学を生んだ社会の発展段階と階級闘争

マルクス　英仏の発展段階の違いから考えてみよう。イギリスは産業革命を経て「世界の工場」になった。だから、世界をおのれに合わせてつくりうる。つまり、市場化をすすめ、その延長で労働力をも全面的に商品化する。小経営者は激減し、賃労働者が増え、一八五〇年には農村人口は五〇％を切るまで減った。一九世紀の中盤に産業資本家の支配を完成させるためには、地主勢力を周辺化し、勃興してくるチャーチスト運動など労働者階級の力を抑え込まねばならない。地主と労働者への二正面闘争が焦点化してくる。新救貧法と穀物法廃止（一八四六）が指標となる。これらは産業革命後のより成熟した局面で起こる。産業資本家の地主階級と労働者階級に対する闘争、これがスペンサー社会学の階級的起源だ。

他方フランスは、イギリスの世界支配の枠組みのなかで産業革命を進めざるをえない。フランス革命は第三身分の対貴族闘争であり、第三身分を結集させるために、資本家の利益よりも小ブルジョア的な利益を中心に据えた。これによって、雑多な第三身分が闘争に参加し、それだけ裾野が広がって、共和制を勝ち取るところまで進んだ。フランス革命の政治的ラディカリズムは、小経営的所有を一般化する結果をもたらす。フランス社会は小経営者中心の古典的市民社会になった。ところが、産業革命を遂行するためには、古典的市民社会の抵抗を挫いて、産業資本主義へ転化しなくてはならない。具体的には小経営者的所有、とりわけ小農民を潰さねばならないのだ。産業革命を導入する段階で、不可避的に小経営者と産業資本家の間で闘争が起こった。これがコント社会学の階級的な起源だ。

学問の社会的基盤を考えると、**地主と労働者に対して二正面で闘う産業資本家の立場が、スペンサー社会学をつくったのだし、小経営者と闘う産業資本家の立場が、コント社会学をつくったのだ。**

コント　学問の背景に階級闘争史があるという分析だね。

スペンサー　いかにもマルクスらしい分析だ。

マルクス　いや、それだけではない。ここからが本題だ。英仏の発展段階の違いにもかかわらず、二人が同時にヨーロッパに並立している点が重要なのだ。

もし、イギリスがもう一〇年早く「世界の工場」になり、フランスがもう一〇年遅く市民革命を迎えていたならば、君たちの社会学の成立の順序は逆転したかもしれない。スペンサー社会学がコント社会学に先行したかもしれない。むろん、現実にはフランス革命から産業革命への移行のほうが、イギリスの世界の工場化よりも、わずかに早く起こった。発展段階が遅れたがゆえに、産業革命を外から促されるフランス国民社会の危機感が先に高まり、コント社会学のほうが早く誕生した。また、発展段階が進んでいたとはいえ、全世界に産業資本主義の社会範型を誇示するほどの成熟を必要としたイギリス国民社会の事情から、スペンサー社会学は相対的に遅れて誕生した。

二人の社会学は内容が異なるので、単純にフランス社会学がイギリス社会学より早かったとは言えない。問題は時間的前後ではない。それぞれの産業革命後の秩序問題の基軸が「企業」に求められたフランス的方向と、「市場」に求められたイギリス的方向へ分岐したのだ。この方向の違いが、二人の社会学の内容に巨大な影響を与えたことを重視しなくてはならない。

コント　いまマルクスは、どちらが先でもおかしくなかったと言った。これは名言だ。

しかしある限定された範囲で偶然であったにせよ、私が先行したことは事実であり、このことの学問的な意味は残ったのではないかと思う。というのは、「企業」の秩序を有機体的なものとして先行的に主題化したのは、ある意味でフランスでは簡単だったんだ。そして、フランス社会学が先行することになったために、社会学というのは人間関係の協同的側面を追求する独特の学問であるとする了解ができあがってきたのではないかと思う。

社会学という学問は、社会秩序、利他主義、有機体といった固有の系列の概念を組み込んだものであって、強い道徳的色彩を帯びて誕生した。啓蒙思想があれだけ「人民」を持ち上げて市民的公共性を樹立した以上、社会学がそれに代わって社会を再組織すると主張しうるためには、新しい秩序に人々が政治経済的な意味だけでなく、道徳的価値を認めなくてはならない。企業の上下関係＝服従関係が社会秩序の最も重要な核心であって、同時に道徳的な関係であるということを主張するのはとても大切なことだった。

スペンサー　おれは「社会学」と「有機体」と「利他主義」をまさしくコントから学んだ。これは決して小さいことではない。イギリス産業型社会の立場から社会学を創造する場合でも、この範型は重要な導きになった。むろん、内容上はコントとは違ったものであるにせよ、社会学が「社会秩序」、「利他主義」、「有機体」をめぐる学問だという課題意識には大きな魅力がある。やはり自分の学問をコントにならって「社会学」と定義したことは間違っていなかったと思う。

コントの垂直性とスペンサーの水平性

マルクス　コントは「企業」の上下関係＝従属関係を垂直的に掴み、スペンサーは「市場」の水平性的開放性を主張した。しかし二人は共通して、産業革命期以降の社会秩序を模索するために社会学を提唱したのだ。すなわち、二人はともに先行する学問を倒し、歴史認識と構造認識を根本的に刷新し、支配思想を啓蒙思想から社会学へ移すことに成功したと言わねばならない。社会学は、一九世紀中盤のフランスおよびイギリスの支配階級が、新しい支配秩序を新しい支配思想によって基礎づけることなしには先へ進むことができないという存在状況に根拠を持っている。

晩年の探究

コント　先ほどマルクスが、市場の歴史的な変化について整理した。それが正しいとすれば、スペンサーは一八七〇年代以降、どういう理論活動を続けたのだろうか。

スペンサー　第二世代の社会学者と言われるT・H・ホブハウス、E・デュルケム、そしてM・ウェーバーなどが登場するのは、先ほどのマルクスの説明に従えば、市場の第三段階においてだということになるね。こういう人々が出てくるころ、おれは晩年を迎えていた。おれは、うすうす新しい兆候を感じていた。なにせ、一九〇三年までおれは生きただろう。七〇年代以降、おれの考えた原理から外れていくような社会現象が、怒涛のように押し寄せた。そのたびにおれは憤慨して、産業型社会の正しさを何度となく説明し、擁護した。産業型社会を否定するような兆候を、おれは「到来する奴隷制」(19)という言葉で激しく論難した。しかしこういう警告を発したところで、なにか暖簾に腕押しというような虚無的な感じがしたものだ。おれが「奴隷制」と言ったのは文字通りのそれのことではない。普通の言葉で言えば、帝国主義と福祉国家だ。どちらも国家介入主義だ。これら二つのガン細胞が増殖していった。それを食い止めることにおれは全力を傾注したが、ついに果たせなかった。まことに残念だったよ。

マルクス　君は日ごろから「適者生存」と言っていた。ところが君は晩年、イギリスの帝国主義と福祉国家の台頭に手を焼くようになった。そこで、現実に理論を適応させるか、それとも理論に現実を適応させるか、その岐路に君自身が立たされたのではないか。

スペンサー　理論と現実の関係は非常に複雑で、一筋縄ではいかない。理論家は一喜一憂してはならない。ある時にある方向へ向かっているように見えても、次の局面では逆の傾向が支配するに至る。だからおれは、市場の均衡という根本的なアイデアを手放すことなく、倫理学的な研究に向かった。それをいつの日にか、誰かが拾ってくれるなら本望だ。

マルクス　企業であれ市場であれ、二人は支配者の側から、つまりは上から物事を見ていた。コントは企業の指揮監督者の側から、スペンサーは市場で労働力を買う側から、いずれにせよ産業資本主義における資本家の立場から物事の別々の側面を見ていたわけだ。

しかし、「企業」といい「市場」といい、それらは資本家によってつくり出されてきた装置であって、労働者が好き好んでつくったものではない。労働者階級は未熟な段階では、せいぜい市民や資本家の旗にくっついて歩くしかない。啓蒙思想の洗礼を受け、また、自由主義に影響され、自分なりの言葉を模索して生きたということだ。言葉をさがす労働者たちは、いずれ啓蒙思想を批判的に引き継ぎながら、社会学が打ち出した新しい論点を、社会学とは異なる下からの視座で捉え返し、はっきりした概念で掴むようになるだろう。

コントとスペンサー　それに明晰な声を与えるのがマルクスだ。だから、われわれも次なる舞台、ドイツのトリーアへ移らねばならない。

《注》

（1）スペンサーが影響を与えた人々をあげる。H・シドウィック、T・H・グリーン、G・E・ムーア、W・ジェームズ、H・L・ベルグソン、B・キッド、T・H・ホブハウス、E・デュルケムなど。日本

では文部大臣 外山正一、東大総長 加藤弘之、社会学者 有賀長雄、ジャーナリスト 徳富蘇峰など。

（2）自由放任論と進化論は内部で細かく枝分かれしており、元来、別個の理論である。しかし、国家非介入のイデオロギーたる自由放任論と適者生存論を結びつけたのはスペンサーであった。市場を一切の生存権保障のない国家非介入の環境と定義し、かつ、いかなる生物種も生き残るためには環境に適応するしかないとみなす進化論の両方を認めるときに（のみ）、両者は結合する。この結合はすでに『社会静学』にあったものだ。しかし、スペンサーは、ダーウィンの『種の起源』（一八五九）が巨大な成果として世界の注目を集めたあと若干の修正をおこなった。すなわちスペンサーは、『第一原理』（一八六二）を出版して、進化を「第一原理」として位置づけ、この原理の貫徹として社会学を構築したのである。

（3）Spencer,Herbert,1994,Spencer's Article of 1936 on Poor Law Poor Law-Reply to "T.W.S" ,in *Herbert Spencer Political Writings*,Cambridge Texts in the History of Political Thought.edt.by John Offer,Cambridge University Press,p.177ff.

（4）新救貧法案が議会で審議されたところ、叔父のトーマスは窮民と友人関係にあった。そして法が成立すると、この法を地元ヒントンで率先して実行しようとした。その後、バス・ユニオンという救貧法を支持する団体が形成されてくる。ユニオンは後に救貧法委員会から権威者を獲得した。この経過で起こった議論を少年スペンサーはつぶさに聞いて社会問題への関心を高めた。Spencer,Herbert,1966,*An Autobiography*,Vol.1,The Works of Herbert Spencer（以下*WHS*と略記）,Vol.XX,p.104.

（5）一八七三年五月二一日　スペンサーのケアネスに宛てた手紙　D.Duncan,1908,*The Life and Letters of Herbert Spencer*,Methuen & Co,p.161.

（6）イギリスで「社会学」という言葉を最初に使ったのは、R・ウィリアムズによれば、一八四三年、J・S・ミルの『論理学体系』第六章、および『ブラックウッズ・マガジン』のコントをめぐる記事においてであった。R・ウィリアムズ、椎名美智、武田ちあき、越智博美、松井優子訳『キーワード辞典』平凡社、二〇〇二、二九八頁。スペンサー自身が初めて自著に社会学を冠したのは『社会学研究』一八七三年である。

（7）*An Autobiography*,vol.1,*WHS*,vol.XX,p.445ff.

（8）Abrams,Philip.1968,*The Origins of British Sociology 1834-1914*,The University of Chicago Press.
アブラムズの立場は、一八三四年から一九一四年までの長い期間に、政治経済学、統計学、改良主義、社会進化といった複数の源泉からイギリス社会学が生まれたという説である。とくに一八三四年に注目する理由は、救貧法委員報告とロンドン統計協会が設立された年だという点による。このような改良主義的な視点から見ると、スペンサーの位置づけはどうしても周辺化されざるをえない。改良主義と関わったベンサム派功利主義や、政府統計を整備して社会改良を志向する学問的、調査的な探究の発展は、イギリス社会学の源流の一つではあるが、スペンサーと思想的に折り合わない。このため、イギリス社会学とスペンサーの関係をどう見るかに関わる理論的説明は、アブラムズの場合放棄されている。本書は、社会改良主義との親和性を持たないスペンサーの自由放任主義が、社会有機体論を介して、コント社会学と補完的な関係をとるに至ると見ている。

（9）D.Duncan,1908,p.113.

（10）Spencer,H.1966,*An Autobiography*,vol.1,*WHS*,vol.XX,p.360.

（11）Spencer,H,1996,*Social Statics*,,a reprint of the 1851 edition, Routledge/Thoemmes Press p.380.

（12）Spencer,H,1966,*WHS*,Vol. Ⅵ ,pp.545-552,Vol. Ⅶ ,pp.568-602.

（13）Spencer,H,1966,*WHS*,vol. Ⅵ ,p.552-557,vol. Ⅶ ,p.603-642.併せて、vol. Ⅷ ,p.484ff.

（14）国家と市場を対比して、前者を不自由の領域、後者を自由の領域とみなすのが『社会静学』以来のスペンサーの基本的発想である。この限りで『社会静学』は日本の自由民権運動に大きな影響を与えた。『社会静学』初版は松島剛抄訳『社会平権論』報告社、一八八一年として出版された。とくに初版はスペンサーが後に撤回した女性参政権を支持していたため、日本の女性解放論にも影響を与えた。スペンサーの理論は自由放任主義と進化論の二面を持っている。このため、民権論者は、自由放任主義の民権的な側面を引き出すことができたが、国権論者は進化論から弱肉強食の自然淘汰の議論を引き出すこともできた。加藤弘之の「人権新説」（一八八二）は後者の例。

（15）カール・ポラニー、野口健彦、栖原学訳『大転換』東洋経済新報社、二〇〇九、第八章を参照（著者名はポランニーで統一する）。

（16）Spencer,H,1996,*Social Statics*,Routledge,p.97.

（17）E・ウィリアムズ、山本伸 監訳『資本主義と奴隷制』明石書店、二〇〇四、一六三頁。

（18）近代経済学は、古典派→一般均衡理論→ケインズ理論→新古典派成長論→現代ブルジョワ経済学へと展開してきた。スペンサーの社会学はちょうど一般均衡理論と共通の志向を持っていた。だがスペンサーは、社会有機体論によって社会を「成長」するとみなす視座を準備したので、結果的に新古典派成長論につながる遺産となった。

（19）スペンサーは、自己調整的市場を基準にして物事を見る。すると、一八七〇年代以降の現実の変化に対して理論を適応させるのか、それとも理論に現実を適応させるかという二者択一に追い込まれた。『人間対国家』（一八八四）は『社会静学』と比べて理論上の変化はほとんどない。むしろ彼は従来の基本的発想を踏襲して、現実の変化を攻撃し、帝国主義と福祉国家を「到来する奴隷制」（*The Man versus The State*,WHS,vol. XI ,p.296.）と名付ける理論戦略をとった。適者生存を主張する著者は、現実に適応するというよりも現実を理論に適応させるようになった。

第三部　マルクスの社会理論（1）

K・マルクス（1818～83）は、ドイツ出身の社会理論家。代表作は『ドイツ・イデオロギー』（エンゲルスとの共著 1845～46年）、『コミュニスト宣言』（エンゲルスとの共著 1848）、『資本論』（1867）。
近代社会における「市場」と「企業」の複合的支配を、労働力の商品化の視点から読み解き、資本主義の胎内に「人間的社会」が準備されるメカニズムを解明した。

出所：http://global.britannica.com/biography/Karl-Marx

（トリーアに到着する）

コント　ドイツのトリーアにやってきてわれわれを迎えるのは、街の入口に立つポルタ・ネグロという立派な門だ。これは、ローマ帝国が建てた遺跡で、かつてこの地がローマ帝国の植民地だった証拠だ。フランス革命の時にナポレオン軍はここをくぐって入場し、街は占領された。ローマ帝国、ゲルマン民族の大移動、そしてフランス革命、ドイツ近代化……。君の有名な人類史の諸段階説を、街そのものが静かに物語っているようだ。

スペンサー　一九世紀初頭の街の人口は一万人ちょっとらしいから、地方の小都市だね。マルクスの生家は、この門から中心街に入ったブリュッケン通りにあったそうだね。いまはカール・マルクス・ハウスという博物館になっている。

（ポルタ・ネグロ近くのレストランに入る）

生い立ちから

マルクス　ぼくは一八一八年五月五日にこの街で生まれた。父ハインリッヒ・マルクスはユダヤ人の弁護士だった。母ヘンリエッテはオランダ系ユダヤ人のラビの娘だった。だから一応、知的な中産階級の出自だと言ってよい。しかし、中産階級出身者が必ずブルジョワ理論の信奉者になるとは限らない。境遇が悪くなくても、ユダヤ人はヨーロッパの周辺的存在だ。ブルジョワ性とユダヤ性は相性が悪い。ぼくはユダヤ人の周辺性を感じて、差別される側のことを考えた。だが、ユダヤの選民意識に立てこもることなく、反対に、ユダヤ的商売から完全に手を切るような世界を探したのだ(2)。

一八四〇年代から哲学や経済学を勉強していたぼくは、三〇歳のとき盟友エンゲルスとともに『コミュニスト宣言』（一八四八）を発表した。それは実に力強い、文字通り革命的なものであった。

ぼくの思想形成過程において、根本的に批判の対象とした知的伝統には、どれも啓蒙思想が絡んでいた。空想的社会主義は、啓蒙思想の「自由・平等・自立（友愛）」の理想をそのまま労働者に与えようとする慈善的な運動であった。サン＝シモン、F・フーリエ、R・オーウェンたちだ。ドイツ古典哲学は啓蒙思想そのものであって、理性の発生とその完成を、人間の意識の発展過程のなかに位置づけて捉えようとした。つまり、彼らはいずれも私有財産を人権の中核とみなす市民思想の地平に立ち、この人権を理性とか人格と呼んだ。また、市民社会を物質的生産の領域から掴んで、経済学を樹立したA・スミスも、やはり啓蒙思想の経済版であった。

ぼくの思想は、若いころの法学と哲学の勉強を踏まえている。つまりギリシア思想からローマ法を経て、啓蒙思想までを研究した。そして先行思想が、理性のあり方にだけ問題を矮小化したのはなぜかを考えた。理性は、時代の「物質的諸条件」の観念的翻訳なのだと気づいた。

ぼくは学者になる道を諦めて『ライン新聞』の記者となったのだが、書くものがあまりにも激烈だったため、プロシアを追われ、パリやベルギーに逃げ、最後はロンドンに落ち着いた。イギリスのドイツ人になったわけだ。これは世界の中心であるロンドンから、ヨーロッパやアメリカ、インド、アジアなどを一望するうえで都合が良かった。では、コントとスペンサーの社会学との対比で、ぼくの社会理論を考えることにしよう。

コント　啓蒙思想批判という点では、私と志向が合いそうだね。

スペンサー　イギリスの自由主義を君がどう見ていたのか、おれには関心のあるところだよ。

労働力の商品化と社会学

マルクス　ぼくの成熟期の著作『資本論』（一八六七）は「近代社会の経済的運動法則」を解明したものだ。近代社会という言葉をぼくもしばしば使うが、その内実をぼくは「資本」（または資本主義）と規定した。以来、近代社会はたんに「新しい社会」「今風の社会」などの枕詞でなく、厳密な意味で「資本主義」という概念になった。

ぼくを批判して「資本主義はよい社会だ」と言っている人がいるが、彼らがあたりまえに使う「資本主義」は、ぼくの研究から出現し、定着したものなのだ。

近代を「資本」と規定することは言葉の言い換えではない。一般に使われる「近代」とは、せいぜい中世と決別した「新しい時代」という意味しかない。前の時代にくらべて近代は新しいと述べているだけだ。ぼくは近代の内的構成を、事柄に即して規定した。すなわち近代は、そのダイナミズムの核心から言えば「資本」であり、「資本」とは「自己増殖する価値」である。ではどうやって自己増殖するのか。「労働力の商品化」によるのだとぼくは考えた。資本があるということは、君の労働力を売ることと無関係ではないのだ。

スペンサー　「労働力の商品化」は、マルクスの経済学批判の重要概念であるらしいが、どう社会学と関係するのだろう。

コント　そう。「労働力の商品化」というと、なんだか、人間性を冒涜しているように響いて仕方ないな。そしてそれは私の社会学とどう関係するのだろうか。

マルクス　「労働力の商品化」という把握は、社会学者にはあまり好まれない概念かもしれないね。しかしぼくの考えでは、この概念をコントもスペンサーも事実上前提にしていたのだよ。君らはこれを既成事実として放置したのだ。とはいえ、どれほど無視しても、真実は幻想を打ち砕く。「労働力の商品化」の概念によって、君たちの社会学はちょうど裏側から説明できる。裏側という言葉がわかりにくいなら、「下から」と言い換えてもよい。この概念は、いわば君らの背中や足の裏から体内に食い込み、最後には君たちの内蔵や脳幹を襲うだろう。

コントとスペンサー　（唖然として　黙る）

マルクス　産業（型）社会についての社会学者の説明は、事実において「労働力の商品化」を前提とする。ところが、二人ともそのことには触れないで、当の労働力の所有者で、その能力を発揮する労働主体を、コントは「利他心」の持ち主として、スペンサーは「適者生存」を追う者として把握する。

資本家にとって、人々を自己の世界像へ引き込むことが第一義的な利害＝関心なのだから、資本家という社会層を代弁しようとする二人は当然、この引き込みをやり遂げようとするであろう。

ただぼくは、ブルジョワ的な学者にはブラインド・スポットがあると言いたい。目の前の事実を私的所有の結果として把握すべきなのに、君たちはいつの時代にも共通する普遍的法則として把握してしまう。だから、社会学者はせっかく啓蒙思想家たちの盲点を明らかにしたのに、別の盲点へ落ち込んでしまうのだ。

社会学者が、一定の時間と空間をどういう視座で把握したのか考えてみよう。コントは従来、金儲けの機構とみなされ、利己心の発露とみなされてきた「企業」を、一転して「利他心」の発露の場、あるいは「一丸」となった協同体として把握した。スペンサーは、「神の見えざる手」というかたちで、従来までは機械論的に把握されてきた「市場」を、一転して、ひとつの有機体とみなす視座を開拓した。

このように社会学は、機械的なものに対する有機的なもの、ゲゼルシャフトに対するゲマインシャフトを発見する。このような二分法の後者の存在価値をことさらに強調し、結果的に機械的／有機的、ゲゼルシャフト／ゲマインシャフトといった相互に反転する理論を、新規のものの見方として打ち出すのだ。

『ドイツ・イデオロギー』から『資本論』へ

マルクス　ぼくにとって、社会学は重要な問題提起なのだ。それは、ブルジョワ経済学が犯した転倒を斜めから批判して、別の転倒へ陥るのだから。社会学は、産業革命期に登場した支配層の意識的努力なのだから、ある意味で当然のことなのだ。それに対して、ぼくは支配層の反対側から、同じ状況を問題化した。だから、社会学者との間で厳しい対決を避けることはできない。

二人とぼくのあいだの闘争を際立てるために、『ドイツ・イデオロギー』、『哲学の貧困』および『資本論』に焦点を合わせることにしよう。

コント　私は君の『資本論』が世に出る前に死んだ。一八四八年に『コミュニスト宣言』のフランス語版は出ていたが、私は君のものについては一言も書かなかった。君は、得体が知れぬ「一匹の妖怪」だ。

スペンサー　おれも君の本は読んでいない。だが察しはつく。君の思想は「自発的個人」の暗殺だ。

マルクス　君たちが生前に絶対に読めなかった『ドイツ・イデオロギー』(一八四五～四六)から始めよう。その数年前から、市民社会の内部構造を研究し始めた。一八四三年に『経済学・哲学草稿』を書いて、物質的生産の分析に踏み込み、いわば歴史貫通的な、人間と自然との社会的物質代謝過程の深みから、社会を読みとっていた。

だがもっと理論的に進んだのは『ドイツ・イデオロギー』だった。ここで初めて〈大工業と世界市場〉の矛盾を取り上げた。大工業とは、「産業上の目的のための自然力の応用、機械設備およびもっとも拡大された分業を生み出すことによって、中世以来の私有制の第三期を呼び起こしたところの推進力」のことだ。「第三期」という表現は、農村織物業→マニュファクチュア→機械にもとづく作業場の段階という意味だ。『資本論』の大工業は協業、分業とマニュファクチュアのあとに位置づけられた「機械と大工業（grosse Industrie）」だから、すでにビジョンはできあがっていた。

大工業は、「私有制の第三期を呼び起こした推進力」だが、世界市場は私有間の集中を促し、そのことをつうじて、それ自体は「協業の様式」であるところの大工業をさらに発展させる。こうして大工業と世界市場（競争）という二つのモメントは互いに、促進しあう。

しかし大工業および世界市場を日々生産しているのは、資本家ではなくプロレタリアートト（賃労働者）だ。資本家は経営するが、富そのものを生み出すのはプロレタリアートだ。かれらは生産諸力の普遍的発展の生み手であるにもかかわらず、現実には人格を奪われた「無一文の労働者大衆」でしかない。大工業と世界市場のこの矛盾を解決するために、プロレタリアートは、世界的規模で、私有制（世界市場）を廃棄せざるをえない。これが、ぼくの掲げる未来社会の物質的な根拠なんだ(3)。

コント　どうやら、君の言う「大工業」というのは、産業社会の「企業」の巨大なもののことだね。

マルクス そう。問題はどうして絶えず巨大化するかだ。その意味は何かということだ。

『哲学の貧困』における発見

マルクス しばしば見落とされることだが『哲学の貧困』(一八四七)でぼくは古典派経済学批判の大きな一歩を印す。それは社会的分業と作業場内分業を分けたことだ。スミスからリカードを経て、作業上の協業に注目した経済学者は五〇人以上いたが、彼らは社会的分業と作業内分業の区分にはまったく気がつかなかった。

何が重要かというと、社会的分業は「売買によって媒介される」が、作業内分業は直接的に社会化されている、つまり共同的「結合」だという点だ。「権威が社会的分業を支配することが少なければ少ないほど、ますます作業場内分業は発達し、そしてそれはますます一個人の権威のもとに置かれる。だから、作業場内における権威と社会における権威とは、分業に関しては、互いに反比例するのである」(4)。

これを『ドイツ・イデオロギー』と絡めてパラフレイズすれば、一八四七年のぼくの把握を次のように言い換えることができる。市民社会の内的構成は、大工業と世界市場だ。一方で大工業は、一人の資本家の権威の下にますます多数化する労働者を結合させる。この限りで、資本の計画性は、ますます強化される。ところが他方、世界市場の無政府性は温存されたままだ。資本主義は、全体として計画性と無政府性の矛盾を調停することができない。

富の生産にとって、もっともよく組織されている人間的社会は、あらかじめ定められたプランに従って、共同体のさまざまな成員に仕事を分配する社会なのだが、資本主義はその間近まで接近するが、どうしてもこの組織化を完成することができない。

『資本論』でも同じ問題を扱った。『哲学の貧困』を改めて引用しつつ、資本が「全社会を一つの工場にしてしまう」(5)という呪いにかかっていると述べた。これは労働の社会化と、取得の私的資本家的性格の間の矛盾として定式化される。これが資本の自己矛盾というものだ。資本主義が悪いから止めようというのではなく、資本そのものが自分を殺すのだ。資本自身がいかようにしても逃れ難い自己否定の運動だということを、ぼくは分析したにすぎない。

コント　うーん。なにやらとても極端なことを誇張しているように聞こえるんだが、何かしら喉に突き刺さるような感じもするな。

スペンサー　同感だ。今の話は、とても経済学批判的な学説史の話に聞こえるね。それが社会学といったい何の関係があるというのか。

マルクス　いや、結論を急いではいけない。いま言ったことは社会学と関係する。二人は、ぼくとあなた方のつながりが掴めず、苛立っているようだ。しかし、ぼくはあちこちに二人のことを書いているんだ。

コント　ではどう書いたか聞かせてもらおう。

『資本論』におけるコント論

マルクス　『資本論』で、ぼくはコントについてきわめて重要な指摘をしている。ぼくとコントとの間の理論的な位置関係を示すこの箇所を、従来誰ひとり研究しなかったのは残念だ。ぼくは一八六七年の初版『資本論』の仕上げに、数年前から没頭していた。このとき協業論の箇所に集中していた。近代社会の相対的剰余価値がなぜ増えるのかについて考えていたときに、コントにめぐりあった。コントは『実証哲学講義』のなかで分業論を展開し、科学的階層制の論証をおこなったと自画自賛していたね。

一八六六年のエンゲルスへの手紙（七月七日付）で、ぼくはコントのことを書いた。それが『資本論』第一巻の協業章に結実したのだ(6)。おりしもJ・S・ミルの『コントと実証主義』が出て評判になっていた。コントを、失礼ながら「ほんのついでに」読んだのだが、これは本当に役に立った。ぼくはかねてからの関心を基軸に、コントの『実証哲学講義』が資本の支配構造、なかでも指揮・監督機能に言及した点を見つけた。ぼくは、コントの実証主義哲学の最大の論点が、産業における指揮・監督機能論にあると考えている。

コント　ほほう、それは驚いた。君はひょっとすると、世間で我が弟子と目されるデュルケムよりも、「社会静学」および「社会動学」のポイントを掴んだのかもしれない。

マルクス　どうやら社会学との関係がわかってもらえたようだな。つまり、ここのところは一種の近代組織論へ広がっていく可能性があるとみたのだ。ぼくはコントの哲学体系のなかの、ある特定の断片を恣意的に使ったということではない。この哲学体系が、資本主義といかなる相互規定のなかに編みこまれているかという核心を引き出そうとしたのだ。

コント　私は、企業者が多数の作業者をまとめあげ、彼らが何をなすべきかを指揮するからこそ、会社がチーム一丸となると言いたいのだ。企業の下位では特殊な作業がおこなわれ、上位では一般的な作業がおこなわれる。一般的な作業を担当するのが企業者だ。

所有と機能

マルクス　まさにその点だ。すべての比較的大規模な、**直接に社会的または共同的な労働**は、多かれ少なかれ一つの指図《さしず》を必要とする。これによって、個別的諸活動の調和が媒介され、生産体全体の運動から生ずる一般的な諸機能が果たされる。単独のバイオリン演奏者は自分自身を指揮するが、一つのオーケストラは指揮者を必要とする。この指揮（Leitung）や監督（Überwachung）や媒介の機能は、資本に従属する労働が協業的になれば、資本の機能になる(7)。

コント そうだ。私と同じだろう。

マルクス まあ待て。オーケストラの比喩はわかりやすいが誤解も生まれやすい。君は、団員が楽曲を奏でるためには、指揮者がいるということを認めるね。

コント 認めるとも。

マルクス では、それを誰がやるのかね。

コント もちろん指揮者だ。

マルクス 企業で言えば誰だ。

コント 企業者だ。企業者が指揮者だ。

マルクス では、君の言う作業者は指揮者になれるのかな。

コント なれない。作業者は指揮ができないからこそ作業者なのだ。

マルクス では、作業者ができない指揮をどうして企業者はできるのかね。

コント それは、企業者には支配欲があり、作業者には従属欲があるからだ。

マルクス では、企業者に支配欲があるのはなぜだ。

コント　それは、優秀だからだ。優秀な者が支配し、そうでない者が従属する。それが世の中というものだ。

マルクス　この問題は大事な箇所だから、議論を丁寧に進めなくてはならない。作業者は優秀ではないから、誰か優秀な者に指揮してもらわなければ働けない。そうだな。

コント　そのとおりだ。

マルクス　しかし、一人でバイオリンを弾くなら当人が指揮をする。では、二人ならどうだ。二人なら目配せをしながら、なんとか演奏することも不可能ではあるまい。

コント　まあ二人なら。三〇人にもなると、もう無理だろう。

マルクス　もし、指揮者が病気のため不在となり、誰かが指揮をやらねばならぬときには、団員の誰かに指揮をやらせるのではないかな。

コント　そのくらいはやれるだろう。

マルクス　団員の誰かが指揮を務めても構わないと言うのなら、企業の場合も、作業者の誰かが指揮をやってもよいのか。

コント　いや、それはできない。

マルクス　なぜだ。オーケストラでならやれることが、なぜ企業だとできないのか。

コント　「ナポレオン法典」で定めたとおり、企業は私有財産だからだ。企業の場合、指揮を作業者に任せるわけにはいかない。雇われた者は雇う者の指示に従わねばならない。従わなければ業務命令違反になる。

マルクス　管理の二重性という議論をぼくがやったのは、いまの議論を整理するためだ。もし資本が存在しない条件で、ただ複数の人間が協業するだけなら、誰が指揮をおこってもかまわない。指揮者はローテーションでもよいし、また選挙で選んでもよい。あるいは、極端な場合、ジャズのように何か阿吽の呼吸のようなもので済ませてもよい。だが、こういう指揮の諸形態を人々が自由に選択することは、特定の歴史的条件、つまり資本のもとではそもそもありえない。複数の賃労働者が働く場合、全体の指揮機能は資本の独占となる。資本家が指揮機能を担う理由は、所有者であるからだ。所有者だから機能を担うのであって、機能を担うから所有を任されるのではない。所有が機能に与えるこの関係を、コントはまったく逆転させている。つまり、指揮機能を担う者は役に立つから、所有する正当性を持つとコントは主張しているのだ。

コント　実際役に立っているだろう。企業者の仕事は、いわばリーダーシップの問題だ。『実証哲学講義』でこう書いた。「誰でも自分の心のなかをひそかによく調べてみるならば、服従するということがどんなに快いものか、いくらかでも深く感じない人は、おそらくいないであろう。正しい立派な導き手によって、自分の行動の全般的指導という重い責任をすっかり取り除いてもらえるという、現在ではあり得ない幸福が実現できるのである」(8)。啓蒙期の哲学者は独立型の人間を望んだ。人間は自分の行動に関する自己決定権を他人に渡してはならない。人生のどのような一部分も他人に預けないような人にならねばならない。つまり自分に代わって全体の方針を決めてくれる外的権威を許容しないような独立型の人間をつくりたいと考えた。だが私はいまや、これこそがユートピア的だと思うのだ。そういうことを社会生活に持ち込むことは、大きな混乱のもとになるだけだ。社会学はユートピアを好まない。社会学の英知はそうした幻想を排除する。それが本当の知恵というものだ。

マルクス　いいかね。所有と機能は区別しなくてはならない。それなのに君は、「自発的従属」だとか「科学的階層制」などという議論を立てて混乱を招いている。所有によってできあがる上下関係を、君は機能上のリーダーシップと混同している。資本家が指揮機能を持つのは、彼が所有者だからだ。資本は労働を搾取する。搾取は労働者にとってはキツいことだから、抵抗や自然発生的な反発が起こることは避けられない。労働者の数が増えればなおさらだ。君自身が『実証哲学講義』の「社会動学」の箇所で、階級の衝突の可能性を恐れたとおりだ。資本家は搾取を持続するために搾取機能を持つ。搾取を円滑に進めるためには、権力を可視化させることも必要だ。すなわち恫喝したり、叱責したりして労働者を震え上がらせ、その自尊心を叩き潰す。これが搾取機能だ。もし君が搾取の機能を、歴史貫通的なリーダーシップと区別していたなら、まったく別の展開が可能になっていたことだろう。

管理の二重性

マルクス　資本主義的生産過程で指揮機能を誰が独占するかを決めるのは、働く人々ではなく、所有者である。所有者は、賃労働者をどう配列し、結合させるかを考える。そして労働力を買ったのち、歴史貫通的な協業の指揮機能を独占するばかりでなく、資本主義独特の搾取機能と絡ませて行使する。これを管理の二重性と呼ぶ。

働いている者が、資本主義における賃労働者ならば、彼らが会社の方針に異議を唱え、経営権に口出しすることは不可能だ。賃労働者は、上から下りてくる指示に従うほかない。労働者が上に従うのは、コントが言う「利他心」によるものではない。そうする以外に道がないからだ。もし本気で逆らえば首だ。

非所有者である賃労働者と、所有者である資本家の壁は絶対的なものなのだ。だから、資本主義社会で搾取機能から分離した、純粋な指揮機能は存在しない。だが、分析によって歴史貫通的な機能と特殊歴史的な機能を区分してみると、「資本家の指揮は、社会的労働過程の性質から生じて資本家に属する一つの特別な機能であるだけではなく、同時にまた一つの社会的労働過程の搾取の機能でもあり、したがって搾取者とその搾取材料との不可避的な敵対によって必然的にされている」(9)ことがわかる。

コント　しかし、企業者が作業者に支持されるのは、やはりリーダーシップを持っているからだ。作業者は細かい事柄の一部には精通しているが、会社の方針にとやかく言うほどの能力はない。とすれば企業者がその才能にふさわしい機能を担うのは当然ではないか。

マルクス　賃労働者は、労働力を売る時には法律上では資本家と対等平等の立場にある。気に入らないなら、契約をしなくてよいわけだ。しかし、ひとたび買われた後は、労働力をどう使うかは買い手である資本家の専決事項なのだ。労働者は、労働力を処分する権限を持つが、処分した瞬間に「労働処分権」を失う。君が言う作業者の「利他心」というものは、ぼくに言わせれば、労働処分権の喪失がもたらす心的現象というべきだ。

企業官僚制の構造

マルクス　所有と機能を区別する視座から、企業官僚制の行く末を考えてみよう。

「資本家の指揮は内容から見れば二重的であって、それは、指揮される生産過程そのものが一面では生産物の生産のための社会的な労働過程であり他面では資本の価値増殖過程であるというその二重性によるのであるが、この指揮はまた形態から見れば専制的である。いっそう大規模な協業の発展につれて、この専制（despotismus）はその特有な諸形態を展開する。資本家は、彼の資本が本来の資本主義的生産の開始のためにどうしても必要な最小限度の大きさに達したとき、まず手の労働から解放されるのであるが、今度は、彼は、個別的労働者（einzelner Arbeiter）や労働者群そのものを絶えず直接に監督する機能を再び一つの特別な種類の賃金労働者に譲り渡す」(10)

資本の集中が高度に進むと、かつて所有者＝《イコール》管理者であった同一性が解体する。二〇世紀の経営学者たちが「所有と経営の分離」と呼んだ現象だ。大工業をたった一人で隅から隅まで管理することは不可能になってくると、資本家は管理（指揮＋搾取）労働の一部を上層の賃労働者に担わせる。部長、課長などの中間管理職は、一方では非所有の賃労働者であることに変わりはないが、仕事の中身は下の労働者を管理することになる。中間管理職とは、存在は賃労働者だが、機能は資本家的なのだ。彼らは、社長と平社員の間に挟まっていて、管理者意識と労働者意識を使い分けるような両義性を持つようになる。しかし歴史的にみれば、資本家が管理を遂行するからこそ、所有する正当性を持つという理屈、これこそコントの理屈だが、それが事実において解体してしまうのだ。所有と機能を区別するからこそ、二〇世紀になって大規模に進行する管理革命を、ぼくは見通すことができたのだ。

コント　君は私について書いた手紙のことを、著書ではどういうふうに論じたんだい。

マルクス　『資本論』の、非常に短い注だったので、気づかなかった人が多いようだが、ぼくはコントについて触れている。「資本家は、産業の指揮者だから資本家なのではなく、彼は、資本家だから産業の司令官になるのである。産業における最高命令が資本の属性になるのは、封建時代に、戦争や裁判における最高命令が土地所有の属性だったのと同じことである」。これは『資本論』本文なのだが、そこに注22aを付けている。「それゆえ、オーギュスト・コントとその学派は、彼らが資本主《ぬし》のためにやったのと同じやり方で、封建領主の永久的必然性を証明することもできたであろう」(11)

コント　（意外の感に打たれて）君は私の『実証哲学講義』から分業論の管理論をそういうふうに解読していたのか。

マルクス　コント社会学の最大の貢献は「社会秩序はいかにして可能か」を理論化したことにあった。

過去の学問における分業論の蓄積は膨大であったが、企業者／作業者が、指揮／被指揮の関係にあることを、コント以前にはまだ誰も論じていなかった。指揮／被指揮の上下関係は、産業革命後初めて現実となるものである。したがって、啓蒙思想家には見えないものであった。ファーガスンからスミスの分業論まで、また一九世紀になってからの古典派経済学の末裔においても、散発的な議論しか出てこない。

これに対してコントは、教会→家族という索出項目を使って社会秩序論の視点から、産業における階級関係が指揮／被指揮の関係であって、秩序問題の中心にあるものだと見定めたのである。「社会秩序はいかにして可能か」。こうした問いは、「社会契約はいかにして可能か」を求めた啓蒙主義がもはや支配階級の思想として内実を持ちえなくなった時に初めて登場する。啓蒙主義の市民社会論が時代遅れになり、代わって産業資本主義の確立が現実の課題となった時、コントは社会学の根本的な課題として、企業者の指揮機能論をひっさげて登場したのだ。だからこそ、ぼくはコントを、ブルジョワ的管理労働論の先駆的なものとして位置付けたのだよ。

大工業と家族

コント　ところで、君の大工業論では、家族はどうなるのかね。

マルクス　大工業が工場法を生み出すという『資本論』の箇所で、工場法が家内制工業にも適用されると、近代家父長制家族を解体すると論じている。大工業は、家族や男女関係にも影響を与える。

「大工業は、家事の領域の彼方にある社会的に組織された生産過程で、婦人や男女の少年や子どもに決定的な役割を割り当てることによって、家族や両性関係のより高い形態のための新しい経済的基礎をつくりだす」(12)。

コントが保守的な家族像から「企業」を発見したのとはぎゃくに、ぼくは大工業が家族や男女関係を平等なものに変えていくと読み解いた。こうしたことがコント批判になっていると読んでもらえるとありがたい。

マルクスの『社会静学』論

スペンサー　では、おれの産業型社会論について、マルクスの意見を聞こうじゃないか。

マルクス　ぼくは、スペンサーにもしばしば言及した。一番早い段階で言及したのは一八五三年のことだ。「インド問題――アイルランドの小作農」という小論(13)で君の『社会静学』を引用した。「この著作も、みずから共産主義を完全にやっつけたものと称しているものであり、現代イギリスで自由貿易の教義をもっとも精密に発展させたものとして認められている著作である」。これは、君への敬意を軽蔑でくるんだものだよ。

またエンゲルス宛の手紙(一八六八年五月二三日付)ではこう書いている。

「親愛なフレッド　察するに、君はG―W―Gなどのような簡単な図式をイギリスのレビュー読者のまえに持ち出すことを遠慮して、道に迷っているようだ。事は逆だ。もし君が、ぼくと同じように、『ウェストミンスター・レビュー』などに出ているレーラーやハーバート・スペンサーやマクラウドなどという諸君の経済学論文を読むことを余儀なくされたとすれば、君にも、彼らはみな経済学上の平凡なことばには飽き飽きしていて(中略)まがいものの哲学用語や科学用語を駄文の薬味にしようとしている、ということがわかるだろう。このまがいもの的な文字は事柄(それ自体としてはゼロに等しい)をけっしてわかりやすくしはしない。逆だ。こうして読者を煙に巻いて困惑させるということが手腕なのだが、読者も、そうしているうちに、結局は、これらの難解なことばがただ陳腐なたわごとの仮装でしかない、ということを発見して安心するのだ」(14)

これでもう、だいたいの雰囲気は伝わるだろう。『社会静学』の第九章「地球の使用に関する権利」で君は、一八九二年に撤回することになる土地国有化のテーゼを発表した。

この主張は、もし地球を誰かが私有する権利があるならば、全地球は原理上、私有地になってしまう。だから、人間が平等な自由を享受すべきだという道徳法則に照らして、土地の私有を許可すべきではなく、すべて国有にすべきだとしていた。

ぼくは手紙で、「こうして、現代のイギリス経済学者の観点そのものからしても、自分の故国の土地にただひとり権利をもつ者は、簒奪したイギリス人地主ではなくて、アイルランド人の小作人と労働者である」と述べている。スペンサーにこと寄せて、アイルランドの小作と労働者の利益を擁護しようとしたのだ。

この小論だけからはわかりにくいが、ぼくはブルジョワ学者が主張する土地国有化は、彼らが産業資本家の立場で地主を攻撃する常套策だと見ていた。ブルジョワ学者が土地国有化を主張するのは『コミュニスト宣言』とは無関係であって、地主に対して支払う地代を節約するために、個々の地主の所有を廃棄し、安価な地代で産業振興ができるようにしようという、地主階級への産業資本家的憎悪が表現されたものなのだ。

市民権から社会権へ

マルクス　しかし、もっと根源的なスペンサー批判を、ぼくの工場法論に読みとってほしい。スペンサーの依拠する自己調整的市場は、労働時間を無制限に延長する野心を、資本家に与える。労働力の商品化は、買われた商品を買い手が自由に処分できるという資本家の論理を保障する。しかし他方で、労働力を売る側にも市民権がある。もし資本家が、その使用時間を無限に引き延ばせば、労働力所有者の存在そのものを破壊してしまう。資本家の買い手としての権利と、労働者の売り手としての権利は、同一の市民権上でまったく同等である。市民的原則は、労働時間を社会的に制限すべきだと主張する権利をも与える。権利と権利の争いでは力がことを決する。こうして、市民権に依拠するからこそ、そこから工場法という社会権が生まれるというのがぼくの把握である。

スペンサーの社会学は「第一原理」という市民権の立場に依拠して、産業型社会の秩序を論ずるものだ。ところが、労働力の商品化という視座からすれば、市民権は工場法のような社会権を派生させる基盤となる。だから、スペンサーには意外かもしれないが、自己調整的市場は、内在的に国家介入的資本主義へと移行するわけだ。スペンサーは市場論を一種の倫理的要請のように扱って、あるべき状態として永久化してしまうが、ぼくは弁証法の立場から、事柄の肯定のうちに否定を引き出すことができる。

進化論のイデオロギー性

マルクス　このようなスペンサーの議論（土地所有論、工場法への反対）が社会進化論と通底していることはわかるだろう。進化論と市場（自由放任）論が結合されたのだ。ぼくは、ダーウィンに感心するところもないわけではないが、その議論のイデオロギー性を早くから警戒していた。一八六二年六月一八日のエンゲルス宛の手紙で次のように書いた。「ダーウィンをもう一度読んでみたが、彼が、自分は『マルサスの』理論を動植物にも適用するのだと言っているのはおもしろい。あたかも、マルサス氏にあっては、その説が動植物には適用されないで、ただ動植物とは反対に人間だけに——幾何級数をもって——適用される、ということが核心だったのではなかったかのように。ダーウィンが、分業や競争や新市場の開拓や『諸発明』やマルサス的『生存競争』を伴う彼のイギリス社会を、動植物界のなかでも再認識しているということは、注目に値する。それは、ホッブズの言うbellum omniumcontra omunes〔万人に対する万人の戦い〕だ。そして、それは『現象学』のなかのヘーゲルを思い出させる。そこではブルジョワ社会が『精神的な動物界』として現れ、他方、ダーウィンでは動物界がブルジョワ社会として現れるのだ」(15)

このようにダーウィンの進化論は、競争社会の視座で自然界を見たものだ。自然科学者も社会の産物なので、所属する社会特有の見方を自然へ投影してしまったわけだ。スペンサーは自分の「生存競争」と「適者生存」説が、ダーウィンの『種の起源』に影響を与えたと誇っている。もっと前にマルサスがいたことを別としても、まさしく近代社会をスペンサーが生存競争の舞台として見ていた。だから、人間界をブルジョワ的に見た像が自然界に投射され、その人為的な自然像をいわゆる社会進化論者はダーウィンから逆輸入したのだね。競争社会の視座で解釈されたダーウィン的自然像を、「第一原理」などとして社会へ適用するというのは、転倒のうえに転倒を重ねることだね。

スペンサー　おれの生涯をかけた科学的構想を、君はイデオロギー的だと言いたいのか。

マルクス　いや、誰でもそれ相応にイデオロギー的だ。問題は上からのイデオロギーか、下からのイデオロギーかについて、もっと自覚的であれということだ。

コントとスペンサーの理論的補完関係

マルクス　君は一九世紀イギリスを一世風靡するほどの人気者だった。君ほど有力なベストセラー作家は、当代ではJ・S・ミルを除けば、いないだろう。しかし、「支配的階級の諸思想は、どの時代でも、支配的諸思想である」(16)。支配階級の思想の内部構成を十分に把握するために、ぼくは、君の市場論的アプローチをコントとの関係において総括しておくことにしよう。

まず次の図1を見てほしい。

ぼくの労働力の商品化論から位置づけてみよう。すると、コントとスペンサーの、それぞれの社会学は、相互に補完的な理論であることがわかる。

労働力の商品化と相対的過剰人口

マルクス　労働力の商品化には二つの条件が必要だ。ひとつは、「市民的自由」だ。すべての人々が市民としての権利を保障されていなくてはならない。市民であるとは、奴隷や農奴ではなく人格としての自由を持つという意味だ。近代憲法には「すべて国民は法の下に平等である」とか「何人も奴隷的労働を強制されない」と書いてある。もうひとつは、「生産手段からの自由」だ。生産手段とは土地、原料、機械、工場

図１　コントとスペンサーの理論的補完関係

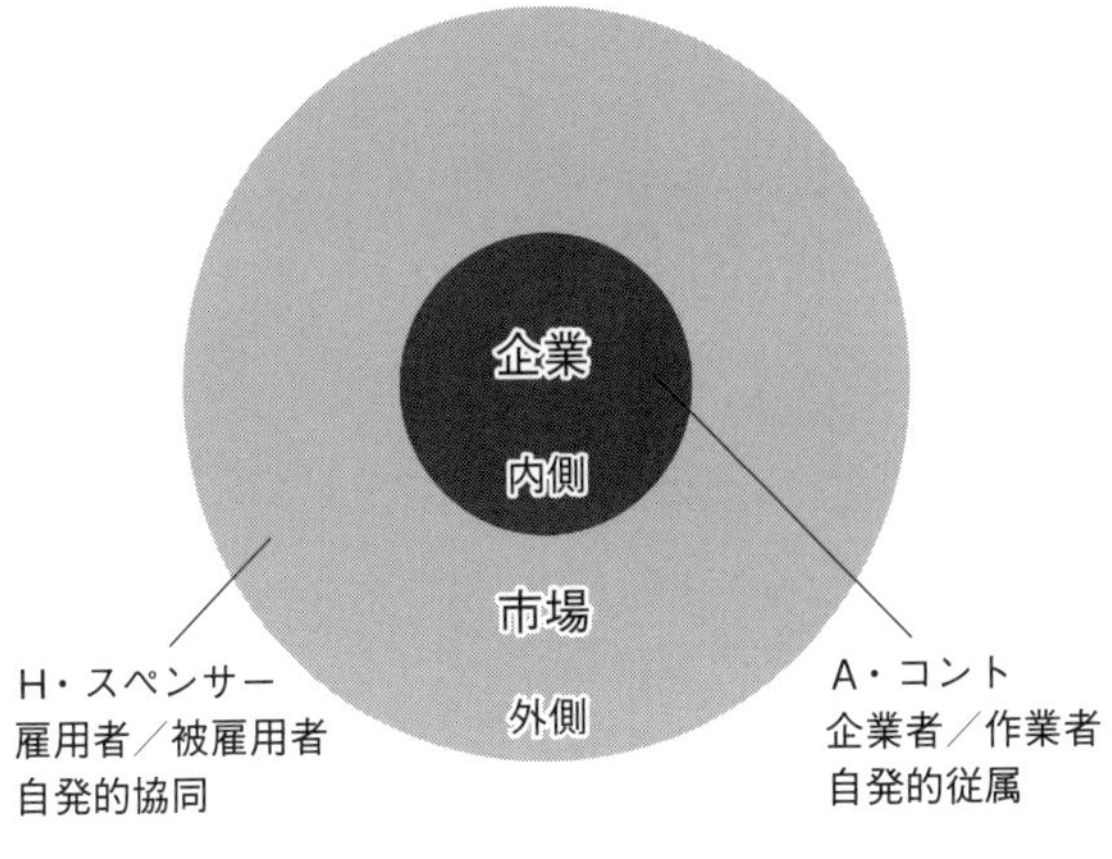

などのことだ。市民は、生産手段を所有する者と所有しない者に大別される。持たないことを「～からの自由」と表している。持つ者は資本家、持たない者が賃労働者だ。これら二つの条件がそろった場合に、市民は労働力を売らざるをえない。ぼくの理論は、市場論と企業論から成り立っている。流通過程と生産過程というふうに呼ばれる。

図1の外側から説明しよう。スペンサーの市場論的アプローチは、近代社会が市民社会+階級社会だという総体のイメージを持っている。そのうえで、すべての資本家、労働者、窮民を、「けっきょくはみな市民である」というテーゼへ還元する理論だ。還元された市民とは「生存競争」をつうじて「適者生存」の生き残りになろうとする者だ。資本家／労働者／窮民という三層構造からすれば、まえの二者がこの市民像にもっともよく当てはまる。窮民は、理想的市民像から逸脱した不適応者、敗北者だということになる。

ぼくからみると、スペンサーの理論は、階級間の質的断絶を量的な差に置き換えてしまう理論だ。資本家／労働者／窮民という三層を市民に還元してしまうと、生き残りの上手下手だけが残る。

労働力が商品化すると、一般の商品と同様、それは売れたり売れなかったりする。資本主義は賃金総体を引き下げるために、相対的過剰人口といって、いつでも職の数を超える過剰な人口を貯蔵しておこうとする。そうすることによって、労働力の需要供給の法則が資本家に好都合に軌道化され、賃金の変動が搾取に適合する限度内に制限される。限定された職を賃労働者に奪い合わせ、有業者と失業者の上下関係をあえてつくる。このことをスペンサーは、存在するのはただ買い手と売り手、資本という商品所有者と労働力という商品所有者という、同等で独立した市民権的な契約関係があるだけだと言いくるめる。この強弁にひっかかると、労働者は有業者として資本家と同じであり、無職の窮民こそ厄介者だと見下げるに至る。失業者を含む窮民を反道徳的存在に仕立て上げる「思想」が、民衆内部に浸透していくだろう。これは、単純だが非常に強力なイデオロギーなのだ。だから重要なことは、スペンサーの言う「自発的協同」の自発とは、窮民を棄民化することで生み出される、それ自体、強制されたものだということなのだ。

スペンサーの復活

スペンサー　歴史的に見れば、おれの理論は一九世紀末から徐々に人気を失う。そして「ゆりかごから墓場まで」に象徴される二〇世紀福祉国家によって、おれの理論は忘れられていった。「スペンサーは死んだ」とも言われた。しかし、その後しばらくして、福祉国家における社会権の保障によってもたらされる財政難が問題化されるようになる。それにつれて、一九七〇年ごろからスペンサー再評価が現れ、おれは復活した。とくに二〇〇〇年代には、社会権を破壊する強力な動き――新自由主義と呼ばれる――が世界中に広がり、公衆衛生、公教育、生活保護ばかりか、軍事以外のさまざまな国民向けサービスを民営化する動きが顕著になった。

マルクス　格差社会というのは、普通に働いて生活する賃労働者のなかに、「働いていても貧乏線以下に落とされた窮民的労働者」ワーキング・プアを創出するものだ。二一世紀の世界では、ワーキング・プアが働いている者の相当数を占めるに至っている。どうしてこういう状況が生まれるのか。それは、「生存競争」と「適者生存」が流行った方が都合がよいからだ。ひと握りの超上層の人々が世界資本主義のトップに君臨していることは、この原因でもあり結果でもある。人びとを市場に入れるか、排除するかの岐路にさらすような生存競争の厳しさは、君の社会学が最も明晰に打ち出したものだ。

「労働力の処分」と「労働の処分」

マルクス　これに対して、図1の内円で示されるのがコント社会学だ。市場の条件が厳しければ、それだけ一層、企業内の支配構造は強化される。コント自身、『実証哲学講義』のなかで、産業社会は「慈善に頼ることなく」(17)やっていけると書いている。それは企業に「自発的従属」を示す者が採用されやすいということだろう。ぼくの「労働力の処分権」論は、市場（流通過程）で発揮される自由だが、ひとたび売れてしまえば、労働者は企業（生産過程）で「労働の処分権」を失うから、上からの指揮命令を受け入れるほかない。コントの「自発的従属」の内実はこれだ。

こういう具合に、スペンサーとコントは、それぞれ市場と企業を社会学のなかで分担した。しかもこれらは相互に補完し合っている。市場が厳しい条件——たとえば生活保護の切り捨て——をおこなうことで企業の支配は強化され、また企業の支配が強化されれば、それだけ——たとえば長時間労働が当たり前になって——市場における「適者生存」もきつくなるわけだ。まことに二人の社会学者の理論的補完関係は、見事なチームワークと言ってよい。

だから、一八五六年のパリにおけるコントとスペンサーの出会いが、すれ違いに終わったことはとても高度な意味を持っていたのだ。市場と企業という考察対象の違い、アプローチの違い、英仏の違いなどが彼らを引き裂かせたのだ。しかし、むしろ、その違いこそが、結果的には産業資本主義を総体として構造的に掴むことに理論上多大な貢献をした。図らずも、二人は補完的に社会学をつくったのだ。

「自発的従属」「自発的協同」の本質

マルクス　スペンサーの「自発的協同」およびコントの「自発的従属」は、労働力商品化において統一的に把握できる。すなわち、一方をなす「市民的自由」がなぜ「自発的協同」をもたらすか。また他方で「生産手段からの自由」が、なぜ「自発的従属」を避けがたくするかだ。

二一世紀の現実に即せば、なぜ現代人は自ら進んで職安へ行くのか、なぜ高い学歴を求めるのか、また、嫌な命令にも従うのはなぜか、市民的道徳や本性からではなく説明できる。

コント　確かに私は人間の支配の本性とか従属の本性に言及し、「自発的従属」関係を説明した。

マルクス　表面上はまったく君の言うとおりだよ。資本の支配を賃労働者が認めているから資本主義が安定する。これを「自発的従属」と呼んでもいい。ただ理論的には、人間がなぜ一方で支配の本性を持ち、他方で従属の本性を持つのか、「生まれついたのだ」では説明にならない。繰り返しになるが、もともと等しいはずの人間が、まったく異なる質を持つ支配側と従属側へどうやって分極化するのか、本性と言われるものの背後にある関係を掘り下げれば、けっきょく労働力の商品化の理論へたどり着くはずなのだ。

スペンサー　ヒューマン・ネイチャーというものを社会学はどう考えるのかという問題

がありそうだね。

マルクス　社会的諸関係から切り離された「人間的自然」を設定すれば形而上学になってしまう。人間は天使でもなければ、悪魔でもない。ましてや神ではない。では人間らしい人間とは一体なんだろう。利己心と利他心のいずれが人間的自然であるかというコントとスペンサーの問題設定に、ぼくは加担できない。なぜなら、個別的個人のなかに何か神秘的な本質が宿っていると二人は考えており、本質主義的思考を免れていない。ぼくは問題を現実的、実践的に考察する。すなわち現実的な諸関係のなかに置かれた諸個人は、その諸関係のなかにおいて解決しうる課題のみを提起する。社会的諸関係のもたらす現実的不幸――戦争、貧困、無知、隷属など――を取り除いた暁に、初めて、人間とは何かということが見えてくるだろう。人間が賃労働や資本の人格化として現れていたころ、不幸は主として諸関係から帰結するものだった。しかし、そういう言い訳《イクスキューズ》が使えなくなってしまったら、人間はただ自己という存在に向かい合うだけだ。もし善とか悪と呼ばれることが起こるなら、諸関係に帰することはできず、すべて自己自身へ差し戻されていくしかない。こうなれば、おそらく楽観も悲観も許されない本当の深淵に、初めて人間は直面するだろうね。「人間的社会」が自由の圏であるとしても、自由の圏とは極楽どころではなく、まことに厳しい社会だよ。

マルクス社会理論と社会学の関係

マルクス　ぼくにとって剰余価値論における協業論は、労働の社会化の発展の諸形態を扱うものだ。『ドイツ・イデオロギー』と『哲学の貧困』および『資本論』で、工場内分業と社会的分業を対比した。それを踏まえて、ぼくはコントとスペンサーの補完的関係に挑戦した。それは、両者の理論を複合的に止揚する論理を内包する。

「社会的な労働、そして現実の労働過程では生産手段の共同使用。資本家は、同時にこの社会的生産を促進するとともに生産力の発展をも促進する過程の機能者としては無用になるのであって、彼らが社会の代表として利益を享受するのと同じ度合いで、また彼らがこの社会的な富の所有者および社会的労働の指揮者として得意になるのと同じ度合いで、無用になるのである。彼らは封建資族と同じような目に遭うのであって、封建貴族の権利の主張は、ブルジョワ社会の興隆とともに彼らの役だちと同じ度合いで無用になり、単なる反時代的な反目的的な特権に転化し、したがってその没落への道を急いだのである」(18)

資本主義を必要とすると同時に無用化するのは、「個別的労働者」があってのことだ。「個別的労働者」は一五世紀の本源的蓄積に起源を持ち、産業革命で一般化する。「個別化」は、まず労働者仲間と横につながっておらず、また共通の意思をまだ持っていないという意味の分断だ。次に資本家が独占する権力から切り離されているという意味での分断だ。多様な形態で生産手段と即自的に結合していた旧生産者層は、中世末から近代初期に、本源的蓄積過程で水平的にも垂直的にも個別化され、賃労働者に転化した。資本は生き残りのために「個別的労働者」たちを買い集め、集塊（Agglomeration）とかコンビネーションという結合労働として上から組織化し、協業をいっそう発展させる。これが積極的側面では、膨大な生産力を発展させる近代組織をつくる。だが、消極的側面では、労働の社会化は資本の専制のもとで押し進められ、労働は酷使される。窮乏、抑圧、隷従、堕落、搾取の度が増大し、貧困が増加する。この両側面は表裏一体的に高次化する。これは大工業（工場内分業）と世界市場（社会的分業）の対抗をますます高め、「一工場＝全社会」という限界まで、ゆっくりとあるいは急速に上りつめていくであろう。資本の自己否定的傾向というのは、資本自身が未来の「人間的社会」の構造を孕んでしまうという矛盾なのだ。これがコントの企業論（「自発的従属」論）とスペンサーの市場論（「自発的協同」論）を複合的に止揚する論理になっていることをおわかりいただけるだろうか。

《注》

（1）マルクスに影響を受けた者を固有名で表す必要はないだろう。一九世紀より二〇世紀末まで各国の社会・政治運動のなかに、いわゆる「マルクス主義」あるいは「マルクス・レーニン主義」と呼ばれた勢力は大きな影響を与えた。ソ連崩壊によって一切のマルクス派の可能性が消えたかどうかは、もうすこし時間をおかなければわからない。既成の「マルクス主義」から距離をとって、マルクスを理論として解読する試みは、一九二〇年代からさまざまなかたちで追求された。その可能性はなお今日残っているように思われるが、予想は慎む。細谷昂『マルクス社会理論の研究：視座と方法』東京大学出版会、一九七九年、渡辺憲正『近代批判とマルクス』青木書店、一九八九を参照。

（2）Marx,K,1956,*Marx-Engels-Werke*（以下 *MEW* と略記する）,Bd.1,Dietz Verlag,S.347ff. マルクス＝エンゲルス全集刊行委員会訳「ユダヤ人問題によせて」『マルクス＝エンゲルス全集』（以下『全集』と略記する）第一巻、大月書店、一九五九、三八四頁。

（3）渋谷正『草稿完全復元版　ドイツ・イデオロギー』新日本出版社、一九九八、一三六―一四一頁。

（4）Marx,K,1959,*MEW*,Bd.4, S.151.『全集』第四巻、一五六頁。

（5）Marx,K,1962,*MEW*,Bd.23, S.377.『資本論』第一巻、『全集』第二三巻a、一九六八・一九六五、四六六頁。

（6）Marx,K,1965,*MEW*,Bd.31,S.234.『全集』第三一巻、一九七三、一九六頁。

（7）Marx,K,1962,*MEW*,Bd.23, S.350.『資本論』第一巻、『全集』第二三巻a、一九六八・一九六五、四三四頁。

（8）Comte,A,1969,*Cours*,tome Ⅳ,p.493. 霧生訳、二七八頁。

（9）Marx,K,1962,*MEW*,Bd.23, S.350.『資本論』第一巻、『全集』第二三巻a、一九六八・一九六五、四三四頁。

（10）Marx,K,1962,*MEW*,Bd.23, S.351.『資本論』第一巻、『全集』第二三巻a、一九六八・一九六五、四三五頁。

（11）Marx,K,1962,*MEW*,Bd.23,S.352.『資本論』第一巻、『全集』第二三巻a、一九六八・一九六五、四三六頁。
（12）Marx,K,1962,*MEW*,Bd.23, S.514.『資本論』第一巻、『全集』第二三巻a、一九六八・一九六五、六三七頁。
（13）Marx,K,1960,*MEW*,Bd.9,S.162ff.『全集』第九巻、一九六二、一五五―一五六頁。
（14）Marx,K,1965,*MEW*,Bd.32,S.91.『全集』第三二巻、一九七三、七六―七七頁。訳文は変更している。
（15）Marx,K,1964,*MEW*,Bd.30,S.249.『全集』第三〇巻、一九七二、二〇三頁。一八六二年六月一八日付、マルクスからエンゲルスへの書簡。
（16）渋谷正編・訳『ドイツ・イデオロギー』一九九八、一〇〇―一〇一頁。
（17）Comte,A,1969,*Cours*,tome Ⅵ.p.546.
（18）Marx,K,1968,*MEW*,Bd.26-Ⅲ,S.309.『剰余価値学説史』第三分冊、『全集』第二六巻第三分冊、一九七〇、四一一頁。

第四部　一九世紀社会学の歴史構造

コント　三人がそれぞれ自分の視座と理論内容を展開したことを受けて、一九世紀の社会学に関する総括討論をおこなうことにしよう。

スペンサー　人間は本人さえ気づくことなく、何か時代にとり憑かれるように必死で仕事をするものだ。

マルクス　そうだね。だから、個別的に見ただけでは容易に見通すことのできない、一九世紀社会学の歴史構造を検討してみよう。

社会学の基本的構造

コント　では、年長の創始者としての資格で、これまでの話をまとめさせてもらおう。

第一に、学問の思想史的な連関だ。社会学は科学であることを自認するが、先行する学問が持つ思想と決別して出てきたものだ。一種の思想史的連関が学問には必ずあるものだ。フランスの啓蒙思想とイギリスの古典派経済学は、ともに自然法、天賦人権、社会契約論といった思想を共有している。これに対して社会学は、ポスト啓蒙思想としての新しさを本来的に持っている。

第二に、社会の歴史認識において何がもたらされたかだ。社会学は、市民革命が終わり産業革命が始まるとき、あるいは産業革命の一層の発展に対応して出てきた。私とスペンサーは、ともに産業革命あるいは産業革命後の理論家として登場した。それゆえ社会学は歴史認識において、ポスト市民革命としての開放性を本来的に持っている。一般に近代化には民主化と産業化が含まれる。社会学は市民革命後の産業化を際立てることによって、近代化に二つの段階があるということに注意を向けさせた。

英仏の近代化ののち各国の近代化は進み、いまなお世界中に広がりつつある。その時どきにおいて、各国政府と国民は近代化を避けることができないが、その場合、民主化と産業化の優先順位やバランスを検討することになるだろう。社会学は民主化と産業化を区別する議論を提起した。だから「民主化は一定程度終わった、次は産業化をすすめるべきだ」といった目標の設定が、社会学の寄与の結果、自在にできるようになったのだ。

第三に、社会の構造認識において何がもたらされたかだ。産業（型）社会の社会秩序を模索する過程で、私は「企業」を発見し、スペンサーは「市場」を発見した。私の「自発的従属」論、およびスペンサーの「自発的協同」論は、それぞれ近代の第二段階の特質を持った秩序が生まれることを探求した。社会を道徳化（moralization）できる力の源泉がこうした領域にあると仮定して、それを探しあてたと言える。したがって、経済学や経営学も市場や企業を扱うのだが、社会学は社会全体を秩序化するメカニズムとしてこれらを位置づけているのが特徴だ。「企業」は近代的な上下関係＝従属関係、「市場」は近代的な水平的人間関係の中核であって、相互に異質なものとみなされたのだ。

第四に、以上のことと深くつながっているが、社会学は、それまでのブルジョワ科学が共有していた原子論的な個人という考え方に対抗する見方を樹立した。ひとことで言えば、社会を全体的もしくは部分的に有機体として考えるという、まったく新しい見方をきり開いた(1)。私が企業を有機体とみなしたことにも、またスペンサーが市場を、国民社会および諸社会というスケールで、有機体と考えたことにもこれは現われている。

これらを踏まえて、社会学とは何かという問いに答えるとしよう。社会学は、思想史的連関におけるポスト啓蒙思想、歴史認識における近代の二段階論、構造認識における企業と市場、原子論に対する有機体論という四つの特徴を持って出て来た。つまり社会学とは、個別的個人の背後に彼らを超越した相互連関があるという発見である。

社会史と理論史

マルクス　なるほど。いまコントが整理した四点をぼくなりに図2にまとめてみよう。

先行する社会段階を前近代、二人の使う用語で「軍事（型）社会」と呼んでおく。この段階の社会を否定するのは市民革命だ。その原因でもあり結果でもあるのが古典的市民社会であった。小経営的所有者の社会を指す。これが啓蒙思想を生み出した社会的基盤だ。

ところが、市民社会は永久に持続することはできない。それは商品経済である以上、人々は互いに競争しあう。そして産業革命を画期として、ぼくの概念を使えば、産業資本主義社会が登場する。均質な小経営者が永続することはできないから、彼らは資本と労働という階級へ分裂する。ここでコントは産業社会概念を企業論的に把握し、スペンサーは産業型社会概念を市場論的に把握した。「企業」と「市場」という対象の違いは、コントの場合には利己心の否定という狙いがあったし、またスペンサーの場合は利己心の徹底という狙いがあった。意図は正反対だが、対照的な社会有機体論は一つに融合しうる。いや融合するべき宿命が

図2　社会史と理論史の相関

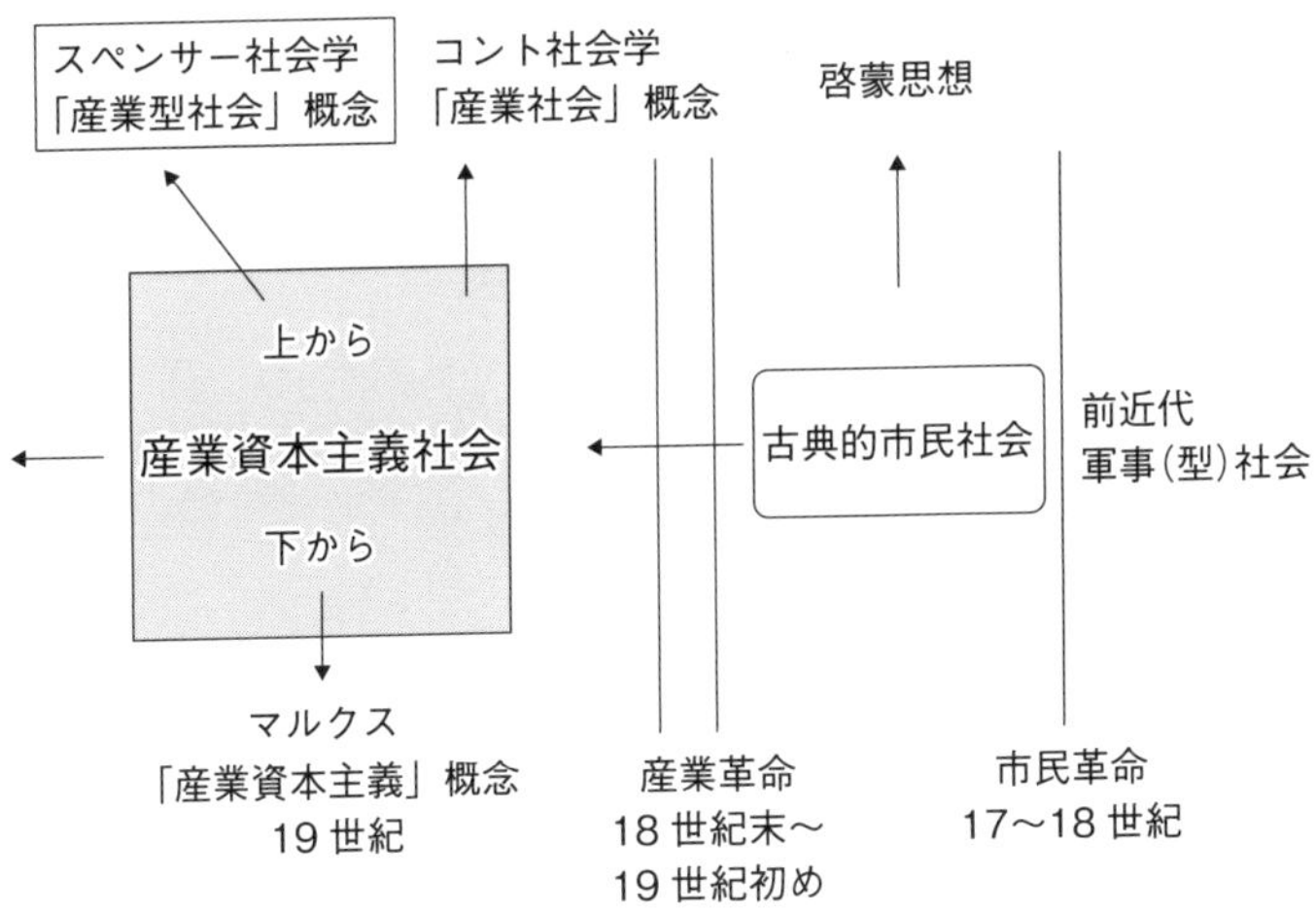

あった。

なぜなら二人は、産業資本の新しい支配を樹立し、永続させる側からものごとを見ていたからだ。相互の違いはあるが、ぼくに言わせれば、社会学という学問の至上の使命の内部で、両者は相互補完関係を樹立した。上からの視座にもとづいて「産業（型）社会」の概念ができあがってきたからこそ、ぼくは資本の支配の肯定的理解を踏まえて、その否定的な理解を対置していった。一九世紀社会学の歴史構造とは、上からの視座に立った産業（型）社会論と下からの視座に立った産業資本主義社会論が競合するという構造のことだ。

コント　うむ、たしかにわれわれ三人は、図2が示すような位置に陣どっている。市民社会がつくりえなかった社会秩序を構築したいという情熱があった。たとえそれがマルクスの言うような意味で、別のものを見えなくさせたとしても、それが産業革命後の社会秩序の再建に寄与したのであれば、自分のなし遂げた仕事に対して、一定の自負と誇りを持ちえたと思う。

スペンサー　同感だ。おれも、古典的市民社会を「上から」否定したわけだが、コントと異なる道を通って社会有機体論を展開したのは、社会学にとって意義のあることだった。マルクスの評論を聞いて、おれなりに格別の感慨を覚えるね。

有機体と社会学

コント　ではこの共通了解を踏まえて、一層、この時代の社会学を際立てるような議論をやってみよう。

スペンサー　社会学は有機体論だというまとめについて、若干補足をさせてもらいたい。たしかに社会有機体論は、コントとおれの社会学の中核にあるものだ。コントが家族と企業という部分社会の有機体論を展開したとすれば、おれは国民社会あるいは諸社会の規模で、市場を単位とする社会有機体論を展開した。この場合、原子論的な個人とか利己的な個人という、コントに言わせれば一種の抽象にすぎないものを社会有機体論が否定したという点は説明を要する。というのも、おれは原子論的個人とか利己的個人そのものを否定していないどころか、ある意味では徹底しているからだ。

部分社会での人間の在り方について、コントの言うことは妥当性を持つかもしれない。しかし市場によって組織された社会（国民社会や諸社会）での利己主義を否定することは妥当ではない。利己心こそが、こうした大きい社会を「成長」させるエネルギー源なのだ。だれでも給料が上がったり、利潤が上がったりするために頑張っている。そうした利己心は階級を超えて作用している。だからそれを頭から否定するのはどうかと思う。コントにしても、市場という限定においてなら、利己心の働きを全否定することはしないだろう。

思うに、コントは積極的に市場が社会有機体だとは論じなかった。おれに課された仕事は、部分社会の有機体性ではなく、市場全体を社会有機体とみなすことがどういう意味において可能かという問題だったのだ。これは、新しいタイプの市場論の試みだった。

おれは、人間の利己主義を否定することなく、しかも産業型社会は他人思いの人間尊重社会だということを明らかにしなくてはならない。このためには利己主義を一旦肯定し、それが間接的に利他主義であるという形で論証していく道を探さねばならなかった。一八九三年におれは『倫理学原理』を完成した。この本は、簡単に言うと、利己主義こそが利他主義だという論証だ。

利己主義は他人よりも自己の利益を優先することであるが、それこそが間接的に利他主義的な効果を持つのだ。この意味で、利己主義の意味を転換し、通常の意味での利己主義（自分さえよければ他人はどうでもよい）を否定した。利己主義の否定の仕方はコントとは違うが、利己主義は徹底すれば利他主義へと昇華されるとして、利己主義＝悪というイメージを一八〇度転回させた。社会有機体はたえず成長する。社会を構成する人々の利己主義に訴えることで、成長は可能になるのだ。利己主義は成長思いの善行だ。

個別的個人と社会有機体のどちらが論理的に根本的か、いずれが時間的に先行するかという点をおれはもう争わない。おれは古典的市民社会論のように、まず原子論的な個人があって、しかる後に契約をつうじて市場や政府が成立するという論理をとらない。有機体は個別的個人を内なる分化によって生み出すとともに、個別的個人はまた有機体の成長に寄与するということだ。個別的個人と社会有機体の関係を、一種の循環的な関係として掴んでいる。

コント　私の利他主義は、スペンサーが言うような「間接的な」ものではなく、生きた人間が直接の関わりのなかで生みだす、実に複雑で豊穣なものである。二人は苦心して社会有機体論をつくったが、対象とアプローチの違いは残されたと言わざるをえないだろう。

古い有機体論と新しい有機体論

スペンサー　一口に有機体論と言っても、実は長い歴史があって、大づかみに言えば古い有機体論と新しい有機体論がある。われわれの社会学的有機体論は新しいものだ。新旧の違いを整理しておこう。

有機体論は古代からあるもので、プラトンの国家論は哲人政治の理念とともに古代社会の位階制を人体に比して合理化したものだ。中世有機体論は、精神の肉体に対する優越性を、教会の世俗国家に対する優越性の議論にしたものだ。啓蒙思想はこうした古代的、中世的な有機体論を否定して、社会契約論と自然法論をアンチテーゼとして掲げた。このあとに出てくる社会学的有機体論は、もっと洗練され、科学的な特徴を持つ。すなわち、二人の社会学は近代生物学を踏まえ、生物学的な身体の構造と変動の法則のうえに、社会を同類の有機体として観察したのだ。

おれは、個人が環境に適応する場合の内部変化を考えた。個人と同様に国民社会を一つの単位と見なせば、環境に適応する競争が作用する。個人も社会も、生物有機体のアナロジーで説明できるのだ。こういう発想は『社会静学』（一八五一）のときから既にあった。個別有機体（生物や個人の身体）と社会有機体は似ている。これをアナロジーとかパラレリズムとおれは呼ぶ。社会を生物有機体とのアナロジーでまとめて書いたのは一八六〇年の「社会有機体」という論文だ。ダーウィンの『種の起源』（一八五九）が評判となったから、この論文を書いたんだ。趣旨は社会は「つくる」ものではなく、「なる」ものあるいは「成長」するものであるという点だ(2)。社会有機体は、単純なものから複雑なものへ成長し、各パーツは他のパーツと機能的相互依存関係を発展させる。こうしたアナロジーを提起した狙いは、「適者生存」と「生存競争」は、国民社会と個人のレベルの違いを超えて貫徹することを明確にさせるためだった(3)。

コント　なるほど、スペンサーのロジックはよくわかる。しかしまさにそこが私の有機体論との違いが生まれるところなのだ。私は、利己的な人間がつくる秩序は打算的で、偶発的、この意味で機械的であって、それは安定しないと考える。そういう利害でガチガチに固まった性質と正反対のものをこそ、私は有機体的な要素とみなした。ゆえに、利他主義という点で私とスペンサーの「有機体」という概念には共通点があるのだが、企業（非市場）と市場という違いが厳然とあり、私にとって非市場的（企業的）な協同性こそが秩序安定のポイントなのだ。この意味で、社会秩序というのは家族や企業にみるような「上下関係＝従属関係」という要素を持たねばならない。社会学は、経済学者らが言うような「経済人」がつくる領域とはまったく違った、人間関係の有機体的＝協同的性格に関心を持つものだ。私の考えた機械的／有機的という区分はこれなのだ。

啓蒙思想・社会学・マルクス社会理論

マルクス　一八世紀の啓蒙思想は、なんらかの集団的所有に立脚した前近代的なものを壊す動きだった。啓蒙思想は小経営者つまり「自己労働にもとづく私的所有」に社会的基盤を置く。それは農民が耕地を持ち、手工業者が用具を持って個人的な私的所有を展開する限りにおいてしか、生きながらえることができない。資本は小経営者の社会＝市民社会を排除する。一方には資本（自己労働なき所有）、他方には労働（所有なき自己労働）が生まれる。小経営者は土地その他の生産手段の集積を命懸けで阻止しようとする。だが、

図3　理論史的相関

出所：
https://fr.wikipedia.org/wiki/Jean-Jacques_Rousseau（ルソー）
https://en.wikipedia.org/wiki/Immanuel_Kant（カント）
https://en.wikipedia.org/wiki/Adam_Smith（スミス）

啓蒙思想は、生産と社会の狭隘な限度のなかに立てこもろうとする限り、反動的な思想になってしまう。啓蒙思想が反動化した瞬間から社会の胎内に、小経営者社会を桎梏と感じる力と情熱が動き出す。産業革命がこれを決定的なところへ高めた。

これを導くために新しい支配階級の思想が必要になる。社会学はこの情熱と力を典型的に表現する進歩的な思想だ。啓蒙思想に対する批判を社会学が徹底しておこない、そうして樹立された社会学を産業革命後のブルジョワ的理論の完成として認めたうえで、ぼくがそれをさらに徹底して批判していったのだ（図3　理論史的相関）。

産業資本主義は、それまでにないほど巨大な生産力を生み出す点で優越性を持つが、少数者である資本家が多数者である賃労働者を搾取する社会であるために、万人の「自由・平等・自立（友愛）」を保障しえない。労働者は、自分のために労働することの許しをただ剰余価値（他人のための労働）によってのみあがなっている。この社会で、剰余価値を提供するということは、人間労働の生まれつきの性質であるかのように思われやすい。

産業革命後の社会発展は、資本の制約のなかにおいてではあるが、ますます大規模となる労働過程の協業的形態、科学の意識的技術的応用、土地の計画的利用、共同的にのみ使用される結合的労働者をつくりだす。

資本はその誕生の際には進歩的であったが、徐々に反動化する。土地と生産手段はますます共同的に使用されるようになるにもかかわらず、資本は、生産手段をもっぱら利潤のためだけに使用するのであって、民衆自身のために使用することを許さない。労働力の商品化が残る限り、賃労働者は、何を誰のためにいつまでにつくるか、自己の労働を処分する権利を資本によって剥奪されたままだ。それゆえ結合された労働者は、生産手段の集中と労働の社会化につれて、それらの資本主義的外皮とは調和できなくなる一点に到達する。「自由人の連合としてのアソシエーション」というぼくの未来構想は、この矛盾の解決だ。この理論史の相関図で示すならば、第一段階に啓蒙思想があり、それを否定する社会学者が現れる。これが第一の否定だ。社会学は、学問の性格上、第一の否定を徹底していく傾向を持つ。これでは万人の利益は満たされえないから、下から、つまり労働者階級を中心とする民衆側から社会学を否定する理論が登場しなくてはならなくなる。これが第二の否定だ。第二の否定は、啓蒙思想が前提していた個人的私的所有へ復帰することはできない。産業資本主義が自らつくった巨大な生産力と共同で使用できる生産手段という積極的な遺産を継承し、自然と人間との間の社会的物質代謝過程を、民衆一人ひとりの参加によって管理するものにならざるをえない。これは私有を再建するのではなく、生産手段の共同的使用を基礎とする個体的所有を再建する(4)。それが生産手段を、誰のために、どう使うかに関する意思決定に参加する自由を、一人ひとりが持つということだ。近代の市民的自由は人間的自由へ拡大され、生産手段からの自由は止揚される。

コント　理論史上の展開は別として、社会史上、個体的所有の再建は本当に起こりうるのか。私にはとてもそうは思えない。

スペンサー　おれも同感だ。コントの「自発的従属」とおれの「自発的協同」は絡み合いながら、長期にわたって資本主義の人間的基盤をかたちづくってきた。まるで手のひらを返すように労働力の商品化が消え、民衆が企業と市場を自治的に管理するなどということは、にわかには信じがたい。マルクスが論じた事柄は、非常に遠大な話ではあっても、それ以上ではない。その洞察力には感嘆するが、かくも根源的な変革が現実に起こりうるものだろうか。これは一九世紀社会学から投げかけられるもっとも重要な問いだが、それを開かれた問いのままに残しておこうではないか。

マルクス　たしかに遠大な未来社会論を語るのは難しそうだ。だから世界の構造的革命の問題はすこし脇に置いて、一九世紀末から二〇世紀へ移るころに起きた福祉国家の問題を考えてみよう。

福祉国家論とスペンサーの社会有機体論

マルクス　西欧社会は一八七〇年代以降、自由放任主義を問い直して、福祉国家化した。

対した。

ところがスペンサーは、こうした傾向に背を向けて個別的個人論を徹底し、福祉国家に反

スペンサー　『倫理学原理』（一八九三）は一種の反時代的な仕事だったかもしれない。もともと考えていたことを、おれは突き詰めた。突き詰めたという意味は、利己主義こそが利他主義だという思想を倫理のかたちでやり遂げたということだ。これによって市場は利他主義で運営されているという、理論上の一種の極地までたどり着いたのだ。

マルクス　おそらく、これを超えるブルジョワ的道徳主義は空前絶後だろう。弱肉強食の社会を利他主義の社会だと強弁したのだからね。

スペンサー　『倫理学原理』は、需要と供給の一致が均衡をもたらすということを倫理学に翻訳したものだ。スミスへ戻ったように見えるかもしれないが、反対に、ワルラス、ジェヴォンズ、メンガーらのつくった「一般均衡理論」へ近づくものだった。

マルクス　だが完成は没落の始まりでもある。均衡が倫理学的であるというところまで上り詰めたからこそ、スペンサーの社会学は反転の芽を生んだ。つまり、君によると、市場的相互連関は社会有機体とみなしうるということになった。ところが、社会有機体が生きていくためには、個人の生存は保障されないことになっている。ところが、社会有機体という言葉の原点に立ち返ると、これはおかしなことだ。なぜなら、有機体というのは「生きてい

る」ということだ。ところが、スペンサーの議論では、社会有機体は個々の人間有機体の生死を容赦なく左右するものなのだ。だから、一八七〇年代以降、自由主義の分裂に応じて、諸個人を生かすための有機体概念を模索する流れが生まれる。

一九世紀末の福祉国家論の流れのなかには、スペンサーの進化論の継承者がいる。たとえばL・T・ホブハウス、B・キッド、J・B・クロージアなど社会的自由主義の潮流に属する福祉国家論がそれだ。こういう動きが出てくるための、いわば反面教師としてスペンサーの社会有機体論があった。スペンサーは「生存競争」を主張したが、彼らは「生存権」を主張する。驚異的な理論転回だ。

コント　思い起こしてほしいが、私の社会有機体論は市場に反発を感じて出てきたもので、企業を中間集団として位置づけるものでもあった。だから福祉国家論が出てくると、社会学が中間集団と福祉国家の関係を考察するのに都合がよかった。スペンサーに反発した二〇世紀の社会学の主流は、生存競争論を否定しながら、私の社会有機体論と融合することができたのだ。

マルクス　うむ。自由放任から福祉国家へという、一九世紀末から二〇世紀初めに現れた理論的な動向は、一種の修正資本主義の模索だった。しかしこの修正でもまだうまくいかない問題が山ほどある。貧困、格差、環境問題、戦争などは資本主義の修正にさらなる修正を上塗りしても、けっきょく満足できる解決へ至らない。人類はいったいどこへ行きたいのか。どういう人間になりたいのか。ぼくの考えから言えば、啓蒙思想の理想とする個別的個人でも、社会学が理想とする個別的資本家／個別的労働者の関係によっても、所詮問題は解決しえないのだ。最後には民衆自身が決めるべき問題であるが、思想史的な意味で言えば、あの第二の否定を、人間像の問題として考えるべきだろう。

「個別的個人」は「個別的資本家」と「個別的労働者」へ分裂する

マルクス　社会学とは個別的個人の背後にそれを超越した相互連関があるという発見である、という定義は非常に興味深いものだ。

一八世紀に「自然権に基づく社会契約論的秩序」やA・スミスの「神の見えざる手」といった近代の第一段階に対応する「相互連関」が発見された。ここには自然権、人民主権、社会契約論など、近代人の主体性が強力に主張されている。個別的個人とは、私的所有と社会的分業を基盤とする商品経済社会における人間のあり方のことだ。第一の近代（古典的市民社会）で、個別的個人は自然権を持つ主体として扱われる。発見された相互連関は「神の見えざる手」のように法則化され、専制政府を打倒するとか、立憲主義の主体性（市民的主体性）を強調する理論的武器になった。ところが、社会学はその否定なので、第一段階のつくった近代的主体性を弱化させる。というのも、第一段階の「相互連関」を資本家的立場から再編して、より超越度の高い社会有機体的秩序を求め、それを法則化したからだ。社会有機体論は、第一段階が許容した近代的主体性を弱める結果、コントの場合の社会法則は人間がどうすることもできないものだとされてしまうし、スペンサーの場合も、進化という「第一原理」のもとにおかれた人間に許されるのは、せいぜい環境に適応する努力だけということになってしまう。

こうなるのはある意味では当然だ。「個別的個人」とは市民革命後の個人のことであり、私的所有と社会的分業から発生するのだ。産業革命をくぐることで、古典的市民社会が理念的に保持した等質の個別的個人という基盤が解体されてしまう。「個別的個人」は、「個別的資本家」と「個別的労働者」へ両極化し、両者は圧倒的に異なる力関係のもとへ移行する。労働力商品は「市場」で互いにばらばらに競争すると同時に、企業では一丸となって結合する。この両面を二人の社会学者は別々の側面としてクローズアップしたわけだ。

古典的市民社会において「個別的個人」が持っていた主体性の一部を「個別的労働者」は失う。労働処分権の喪失だ。自営業者は自由に働くのに賃労働者は「他《ひと》に使われる」。「個別的労働者」が失ったものは「個別資本家」に集積されてしまう。

社会学はこうした事情を肯定的に掴んでいる。社会学はブルジョワ社会の延長に立っているので、たとえ反啓蒙の立場でも「個別的個人」を前提としている。しかし同時に、社会学はこの前提を変化させる。コントは「個別的個人」が階級的に分裂している状況を受けて、資本家に「支配の性向」、労働者に「従属の性向」を割り当てる。二つの階級間には権力差があるので、労働者は資本家に力負けして撤退するのだ。コントは古典的市民社会論における「個別的個人」の等質性を理論的に破壊した。この意味でコントは「個別的個人」を前提にするが同時に破壊したのだ。こういう経緯をコント社会学は実に肯定的に掴んでいる。

スペンサーは、資本家に特有の「利己心」を労働者にまで押し付けたと言ってよい。コントは資本家と労働者に異質の本性を割り振ったのだが、スペンサーは両階級にまったく同質の本性を与えた。スペンサーは、古典的市民社会論での等質的利己心の理論（スミス）を、階級社会のなかで貫徹させる。力の強い資本家が固有に持つ利己心を、弱者である労働者も持つというイメージだ。労働者は階級的敵対者である資本家のエートスに伝染するように、誘導されるわけだ。しかし、これこそが強者が弱者を手なずける手法なのだ。それをスペンサーは実によく理解している。

コントは異質なものを押し付け、スペンサーは同質なものを押し付ける。どちらのやりかたも労働者にとっては迷惑な話だ。

ぼくは、なんらかの人間的本性を前提にすることなく、労働力の商品化によって資本の支配を説明することができる。すでに述べたように、産業革命を経て労働者の「個別化」は二重化される。仲間の労働者間の水平的分断であり、資本の権力との間の垂直的分断だ。水平的に分断された労働者は、互いに疑心暗鬼に置かれるので、競争的エートスへ引きずり込まれてしまう。垂直的に分断された労働者は、権力に圧倒されて、資本に対する「自発的従属」に追い込まれるのだ。

個別的個人（Einzelne）というあり方は、いっきょに人格的個人へと転化することはできない。個別的資本家と個別的労働者へ階級的に分裂することを通じて、未来社会の構造が準備されてくる。

二〇世紀の社会学を展望して

コント　機械的／有機的という区分から、二〇世紀の社会学が生まれる。私の場合は、同じ時点の社会空間に、利己的なものと利他的なものが並立するという見方だ。それは、社会の内部にさまざまに異なった固有の法則を持つ、多元的な領域が並立するという考え方を刺激した。その結果、経済、政治、文化、宗教、芸術など、さまざまな領域の固有法則性を探求するというのは、その後の社会学のごくふつうの考え方になった。なかでもとくに洗練されたものとしては、M・ウェーバーの宗教社会学があげられる。

スペンサー コントの複数領域の並立という理論は、同一時間内に部分社会が相互作用するという考え方だ。しかし全体社会を単位にして、その性格が時間的にどのように変化するかという発想もあった。コント的な印象を与えるのは、デュルケムの機械的／有機的連帯の区別だ(5)。またスペンサー的な印象が強いのは、F・テンニース（一八五五〜一九三六）の『ゲマインシャフトとゲゼルシャフト』(6)における利益社会的／共同社会的の区別だ。いずれも我々の社会学からヒントを得ている。

一九世紀の社会学が発見したのは、「個別的個人」の背後にそれを超越した相互連関があるという考えだった。この発見は、二〇世紀になると社会システム論を生んだ。T・パーソンズやN・ルーマンの社会システム論では、全体社会がサブ・システムへ分化し、サブ・システムは絶えず相互に作用しあって統合をもたらす。サブ・システムは政治、経済、法、文化、宗教、家族、知識、産業、芸術などを加えて、いわゆる「連字符社会学」の動きと連動して増殖していった。

コント また社会有機体という発想は、もともと人間の身体に類似させて社会を観察するという考え方だから、心身の病気があるのと同じく社会病理学という発想をもたらす。すでに私は、『実証哲学講義』で「社会病理」という用語を使った。ここから社会病理学というジャンルも発生した。逸脱と社会統制などというテーマもここから出てくるんだ。

スペンサー　二〇世紀の社会学者は、われわれ（コントとスペンサー）が「総合社会学」であって、まだ「独立科学」とは言えないと主張した。彼らは社会哲学のような茫漠とした次元にとどまるべきではなく、より専門科学として独立した社会学を求めた。それは、スペシャリゼーションの傾向のなかで当然の主張だっただろう。だが、専門科学として独立するという場合、専門社会学者は前提としての世界像や人間観が、はっきりしない場合が多かったのではないか。「総合社会学」から「専門科学」へというかけ声はよいとしても、新しい世界像や人間観を提起するという面は弱かったのではないかな。個々の社会領域ないしサブ・システムを、専門科学的に研究するためには社会有機体論が確保されていなくてはならない。専門的な研究であっても、全体社会像では、実はわれわれが提示した世界像や人間観をそのまま踏襲したのではないだろうか。「専門社会学」への移行が可能になったのは、我々が社会秩序の土台に企業と市場をほとんど不動の前提として置いたからだ。マルクス社会理論は、ぎゃくに企業と市場を徹底的に歴史的に分析しようとした。そうすると妙な力学が働いて、社会学のほうは企業と市場の不変性を強調する方へ傾いてしまった。市場と企業における「自発的協同」と「自発的従属」があるからこそ、社会学は今や、階級・階層、家族、都市と農村、生活構造、産業・労働、教育、文化と宗教、社会病理・社会問題、社会福祉・社会保障、民族、性・世代、知識・科学などへ多領域化するとともに、フィールド調査によって質的量的なデータで裏付けていく社会調査手法を得意分野にすることもできたのだ。現代社会学者はこの意味で、われわれの肩の上に乗っているというわけだ。

残された難問

マルクス　「社会動学」が開いた社会変動論において、産業（型）社会は人間が選びうる最終段階の社会だとみなされた。だがぼくは、前近代社会→近代社会→超近代（人間的）社会という三段階論を提起した。このために、社会学が主張する産業（型）社会の歴史的位置をめぐって、社会学とマルクス社会理論は、しのぎを削る理論闘争へ踏み込んでいくことになったのだ。

その奥底には社会学とマルクス社会理論の人間観の違いが横たわっている。社会学の多元的な要素のなかに、ある程度ぼくのアイデアも断片的に取り込まれてきたのだが、人間観における緊張は、なお残っているのだ。

フォイエルバッハ・テーゼと社会学

コント　理論の奥底には、無意識のうちに学者が想定する人間像が隠れているものだ。今のマルクスの論評は、理論のなかに暗黙のうちに組み込まれ、前提化され、普通は隠れている人間像を探究しようとするものだね。

スペンサー　おれは内なる人間像を相当はっきりと書いてきたつもりだよ。理想的人間像についても一度も隠したことはない。おれが自分でも気づいていないような暗黙の論点があるだろうか。

マルクス　ぼくは、一八四五年にフォイエルバッハ第九テーゼでこう言った。

「観照的唯物論、すなわち感性を実践的活動として把握することをしない唯物論が到達するところは、せいぜい『市民社会』における個別的個人の観照である」(7)

「個別的個人（einzelne Individuen）」というのは、さしあたりフォイエルバッハを念頭に置いた批判だった。彼は神があるから人間があるのではなく、人間があるから神があると言った。「個別的個人」にはもともと神のような本性（愛）が宿っているからこそ、神を創造しうるというのだ。これは僕の考えでは二人の人間本性論にも妥当する。しかもテーゼの「市民社会」の項に、「産業(型)社会」を代入すれば、このテーゼはコント・スペンサー・テーゼへと生まれかわる。

コントの「自発的従属」とスペンサーの「自発的協同」は、どちらも「個別的個人」の土俵の上に成立する企業的、市場的連関のことだ。いずれの場合も、当事者の主観において「自発的」とされるものは社会有機体が要請するものにすぎない。さらにその根底には資本主義的支配の都合が隠れているのだ。「個別的個人」が産業化以降、いかに大きく再編されたかを、コントとスペンサーはそれぞれの学説できわめて具体的に肉付けたと思う。

社会学者は「個別的個人」像を、一方では徹底し(スペンサー)、同時に他方では抽象的に否定した(コント)。そしてこの一見対立する両面を得ることで、現実の異なる側面を補完的な関係で統合している。「個別的個人」という基底の上にあってこそ、コントは「自発的従属」を発見し、スペンサーは「自発的協同」を発見した。これら二つの次元を補完させることによって、二一世紀資本主義は今でもその体制を維持するための人間的基礎を調達し続けている。

コント ある思想史家が遺した批評は、そのことに触れている。M・ジェイというアメリカの思想史家の発言だ。

「多くの注釈者たちが指摘しているように、ブルジョワ社会学はおのれの起源の少なくともなにがしかを、革命——政治的ならびに経済的革命——に対するある種の保守的な恐怖に有していたのだし、この恐怖のゆえにブルジョワ社会学は、社会的結集力についての物質的説明に代えて道徳的説明を持ち出し、現代の市場社会（Gesellschaft）によって侵蝕された共同体的（gemeinschaftlich）秩序を回復する道を探しもとめる傾向にあったのである」(8)

私は恥じることなく、この指摘を受け入れるよ。私とスペンサーが樹立した社会学の土台は、二人の理論的補完関係をはらみつつ、産業（型）社会の社会秩序をきわめて道徳主義的に解釈した。しかしこの道徳主義は、決して宙に浮いたような信仰上の問題ではなく、日々の社会生活の組織化と深くつながっている。「自発的従属」と「自発的協同」における「自発性」の二つの次元が社会秩序の根本を支えるというのは、恐ろしく素朴な観察のように見えるかもしれない。しかし、人間はある意味では素朴なのだ。もしマルクス社会理論がこのことの重みを真剣に考えないならば、君の理論に未来はない。

スペンサー　そのとおりだ。多くの人は嫌な仕事も嫌とは言わず、会社の命令に従って働き、何とかうまく出世したいと考えるものだ。また、売れなかったものをなんとか売ることに成功して元気づく。人々は日々こうやって、「自発的従属」と「自発的協同」をやりくりして生きている。たったそれだけのことだが、社会学はこの急所を把握しているのだ。

人間論的課題

コント 同感だ。マルクスは、「個別的個人」の歴史的諸形態を根源的に乗り越えるという大きな問題提起をおこなった。それはまったく私たちの思いがけないところを突いている。だが、そんなことが果たして実現可能だろうか。

スペンサー 二一世紀の人々は、戦争がなく、他者への従属もなく、失業も格差もなく、民衆が自己決定できるような社会を理想とするのだろうか。そう思っているかもしれない。その可能性をあらかじめ否定することは慎もう。だが、七〇億人の人間が本気でそのような理想社会を望むなら、人びとが「個別的個人」を現実的に乗り越える動きを示さねばならない。この動きなしにそうした理想など絵に描いた餅なのだ。「個別的個人」を超えた「人格的個人」が本当にできあがるまでのあいだ、引き続き人々は企業と市場という外的権威のもとで規律正しく働かねばならない。「働かざる者食うべからず」だ。現実の世界にはさまざまな人々がおり、そのなかにははぐれ者、遊び人、非行者、泥棒、殺人鬼、逸脱者、怠け者などが存在する。産業(型)社会は生存の厳しさを容赦なく与えることによって、人々をまとめあげるのだ。たとえ仕方なく働くような人々が数多くいるとしても、私たち二人の社会学が発見した「自発的従属」と「自発的協同」が組織化に役立っていることは証明されている。この事柄の重みをマルクス社会理論は考えておかねばならない。マルクスの人間像が深みを持つことは、正直のところ認めざるをえない。しかしこの人間像の高さに、現に生きるふつうの人々が本当に耐えられるのだろうか。それは潔癖さや倫理性やとてつもなく高い士気を求める。「自由人の連合」とは君がよく使う言葉だが、あの人間像に十分届くためには、気の遠くなるような辛抱を必要とする。ものごとを安易に考えて、二〇世紀の大きな混乱――ソ連・東欧の崩壊――が起こったことを忘れてほしくないのだ。

マルクス　いま指摘を受けた事柄は、ぼくの死後のマルクス主義を名乗った人々には十分自覚されてこなかった。ソ連・東欧は、民衆に決定権を与えるどころか、国家官僚の決定に全権を与えた、一種の国家資本主義にすぎなかった。「個別的個人」を超えることは完全にネグレクトされたのだ。ソ連・東欧で起こったことを人間像の次元にひき寄せて言えば、相変わらず「自発的従属」と「自発的協同」の枠内で、体制を維持したということだ。

コントとスペンサー　（自分が認められたのだという感慨と同時に深い緊張があり、言葉が出ない）

マルクス　現代世界の近代化は、コントとスペンサーが解明したとおり、市場と企業によって推進されている。だが、市場と企業は相当高い秩序形成力を持つにもかかわらず、それが生み出す生産力は破壊力となって現れる。戦争、環境問題、格差社会はいずれもこの逆説から生まれる。戦争は、経済成長の不均等がもたらす富の偏在から起こる。九・一一テロ事件は、富の集積と貧困の対照から起こった自爆攻撃だった。テロは悪だが、富の偏在を是正することなく、国家暴力でテロを鎮圧することはきわめて困難だ。空爆は地域紛争を長期化し、難民を量産することになる。三・一一の福島原発事故は、極限の環境破壊だ。核大国は、同盟国に原発を押しつけた。人々は危険と隣り合わせに暮らすことになった。しかも一度大惨事が起これば、人々の暮らしこそが富なのに地域生活は根源的なダメージを受ける。格差社会は、グローバル企業の儲けのために、労働力に生存権以下の生活を押しつける仕組みだ。総じて市場と企業は、高い生産力をますます歪められた生産力にしてしまう。結果、人間は大量に破壊されることになる。

市場と企業のもとで生産力は破壊力となって現れる。だからコントとスペンサーが捨てた「自由・平等・自立（友愛）」をずっと高い次元で再建しなくてはならない。こうした問題を主体的に解決できるのは、事柄の裏で労働の社会的結合力が絶えず上昇するという事実に依拠して、「自発的従属」と「自発的協同」という外皮を打ち破ることによってでしかない。これによって民衆の高次の普遍主義が開化するというのが、ぼくの立てた大筋の論理だった。

だが、これは大筋で正しいとしても、きわめて抽象的であり、魅力の乏しい誇大理論に陥りやすい。ぼくの理論は、階層や官僚制や家族への言及を多少含んではいるが、大筋の論理を、もっと多領域的に豊かに展開するところまでは行けなかった。社会学は、多元化し、多領域化し、部分社会の固有法則性を解明した成果を持っているが、価値的前提を洗い直さない限り、新しい普遍主義へ進むことができない。この隘路を乗り越えるためには、両者の大胆な理論の組み換えが必要だ。性、世代、階層、家族、地域、民族、社会病理、社会意識などの領域は羅列的研究対象ではない。たとえばシングルマザーの貧困は、女性の固有性に注意を向けさせるものだが、資本・賃労働と無関係ではない。また孤立老人は世代に特有のものであるが、これまた「労働力」としてしか人間を見ない社会の冷淡さと不可分だろう。領域の固有性に重要な意味があるとともに、どの領域にも労働力の商品化の矛盾が貫徹しているのだ。マルクス社会理論をベースに据えて、多元性、多領域性、固有法則性を再構築する課題がますます明確になりつつある。この作業のためには、柔軟な視点で社会学とマルクス社会理論が協力しあうべきではないかな。

コント　傾聴に値するまとめだ。社会学者は人間を見つめなくてはならない。

モンペリエ、ダービー、トリーアと三つの街を訪ねて語った「社会学の起源」もそろそろ終りに近づいたようだ。マルクスは別として、私たちは自己の学問を社会学と名づけた。だから、社会学の起源に関してこの二人に焦点を当てればそれで事足れりと考える人がいるだろう。だが、そうではない。社会学を、内側から自称する者が存在するということは、それを外から輪郭づける者がいて初めて完結する。ゆえに学問の境界線をどこに引くかは、三人の協同行為でなくてはならなかった。この意味で、二人にマルクスが加わることで、起源を論じる作業はようやく達成されたわけだ。

マルクス　社会学の起源は、ひとつの学問が持つ境界線がいかにして現れたのかという問題である。ただしこの境界は暫定的なものでしかない。なぜなら社会学は、一九世紀ヨーロッパの空間と時間における階級的布置状況のなかで生まれ、歴史的な動態のなかで揉まれてゆくことになるからだ。

コント　トリーアがフランス領からドイツ領に編入されたのと同様に、学問の境界も動くものだ。マルクスも後代になれば有力な社会学の一翼とされる。そうなった場合、内と外の境界間の抗争は、境界内部の抗争に転化する。ともあれ一九世紀社会学の三者関係は、知的遺産となって、現代の社会学者にとって無視できないほど脳裏に焼き付いている。またそれ以外の社会科学の分野へも、いろいろなかたちで広がり続けている。このことを確認できたことはやはり素晴らしい。

スペンサー　同感だ。いったん死んだと言われたおれも一九七〇年代から復活したのだ。それは理由のあることだ。いずれにせよ、おれたちの一九世紀は遠ざかってゆく。だがその起源において三者が肯定と否定とを含んだ複雑な土台をつくりあげていたことをよく覚えておいてほしい。われわれは、近代の段階的および類型的な国民社会の条件に応じて「企業」と「市場」という二つの理論装置を社会有機体論で一括した。そのことによって、いわば社会学の社会哲学的な土台を完成することに寄与した。マルクスも異なる視角から挑戦した。

マルクス　コントなくしてスペンサーはなく、またスペンサーなくしてコントはない。さらにコントとスペンサーなくしてマルクスはなく、マルクスなくしてコントとスペンサーもない。このことを後代の者たちにはよく記憶しておいてもらいたいものだ。

三人　（無言で握手し、トリーアの街をあとにして、それぞれ「あの世」に帰ってゆく）

《注》

（1）「コント、スペンサーら一九世紀の社会学者は、社会の本質を生物有機体と比較してそれとの類似により社会の構造と変動を論じた」。ミシェル・フーコー、渡辺一民、佐々木明訳『言葉と物』新潮社、一九七四、三七九頁。

（2）Spencer,H,1991,Essays:Scientific,Political,& Speculative.vol.1,in *WHS*,Vol.XIII,p.265-p.307.
（3）社会有機体論は、人間が所属するさまざまな集団を一つの生き物のように捉える。生き物はそれを構成するパーツの主体性によってつくられるわけではなく、反対に、自己の存続のためにパーツを使う。ゆえに社会契約論から社会有機体論への転換は、秩序観を根本的に変えてしまう。基本的人権を有する人間主体が社会秩序をつくるのではなく、反対に、単位集団が自己を維持するために個人に何かをやらせるのである。こうなると人間は兵隊アリのように社会有機体に尽くし、社会有機体を成長させる。第二次大戦後の「経済成長（economic growth）」の理論はそれじたいは近代経済学の理論だが、経済が成長するものだというメタファーをおそらく社会学的有機体論（『社会学原理』には「社会的成長」という項目がある）から得たのではなかろうか。資本蓄積と異なり、経済成長には定常状態以外の終点はない。
（4）Marx,K,1962,*MEW*,Bd.23,S.789~S.791.『資本論』第一巻、『全集』第二三巻b、一九六八・一九六五、九九三—九九五頁。
（5）Durkheim,Emile,1893,*De la division du travail social*, 1re éd., Paris, P.U.F. エミール・デュルケム、田原音和訳『社会分業論』青木書店、一九七一。
（6）Tönnies, Ferdinand,1887,*Gemeinschaft und Gesellschaft:Grundbegriffe der reinen Soziologie*. F・テンニエス、杉之原寿一訳『ゲマインシャフトとゲゼルシャフト』上下、岩波文庫、一九五七。
（7）Marx,K,1962,*MEW*,Bd.3,S.535.『全集』第三巻、一九六三年、五九四頁。フォイエルバッハ第九テーゼ。
（8）M・ジェイ、木田元、村岡晋一郎訳『アドルノ』岩波書店、一九八七年、一二〇頁。

コント・スペンサー・マルクス年表

年号	コント	スペンサー	マルクス	社会史
一七七〇年代				英　一七七〇年代より産業革命
一七八九年				仏　フランス革命
一七九八年	一月一九日モンペリエに生まれる			
一八〇四年				仏　民法典成立
一八〇七年	リセに入学			
一八一四年	パリ　エコール・ポリテクニクに入学			仏　産業革命に入る
一八一五年				ワーテルローの戦い
一八一六年	退学処分			
一八一七年	サン＝シモンの秘書になる			
一八一八年			五月五日トリーアに生まれる	

年号	コント	スペンサー	マルクス	社会史
一八二〇年	「一般近代史概論」	四月二七日ダービーに生まれる		
一八二二年	「社会再組織に必要な科学的作業のプラン」を発表			
一八二四年	同『プラン』を再販			
一八二五年	カロリーヌ・マッサンと結婚。サン＝シモン自殺			
一八二六年	「実証哲学講義」を開始			
一八三〇年	『実証哲学講義』第一巻を出版。完結は一八四二年。		トリーアのギムナジウムに入学	仏　七月革命 仏　産業革命本格化
一八三二年	エコール・ポリテクニクの復習教師			英　第一次選挙法改正
一八三四年				英　新救貧法成立

コント・スペンサー・マルクス年表

年号	コント	スペンサー	マルクス	社会史
一八三六年	エコール・ポリテクニクの入学試験官になる	「救貧法について」を発表	ボン大学からベルリン大学へ移る	
一八三七年		ロンドン・バーミンガム鉄道会社の技師となる	青年ヘーゲル派「ドクトル・クラブ」に入る	
一八三九年	社会学の起源			
一八四一年	J・S・ミルとの往復書簡。四六年まで		学位論文「デモクリトスとエピクロスの自然哲学の差異」	
一八四二年	マッサンと別離	「政府の固有領域」を執筆	エンゲルスと知り合う	
一八四三年			イェニーと結婚	
一八四四年	『実証精神論』を発表		「ユダヤ人問題によせて」を発表	

『社会学の起源——創始者の対話』

年号	コント	スペンサー	マルクス	社会史
一八四五年			エンゲルスとともにイギリスのチャーチストのリーダーに会う このころ『ドイツ・イデオロギー』を執筆（〜一八四六年）	
一八四六年				英　穀物法廃止
一八四七年			『哲学の貧困』を出版	
一八四八年			『コミュニスト宣言』を出版	仏　二月革命 独　三月革命
一八五〇年			大英博物館で経済学研究	
一八五一年	『実証政治体系』第一巻出版。	『社会静学』を出版 英　社会学の起源		
一八五二年				仏　第二帝政になる

コント・スペンサー・マルクス年表

年号	コント	スペンサー	マルクス	社会史
一八五三年	英語版抄訳『実証哲学講義』出版	このころコントを読む	スペンサーを読む	クリミア戦争
一八五六年	スペンサー来訪	コントを訪問		
一八五七年	パリで死去		『経済学批判』出版	
一八五八年		『総合哲学体系』の草稿を執筆		
一八六〇年		「社会有機体」を発表		
一八六二年		『第一原理』出版		
一八六四年		『生物学原理』第一巻出版	第一インターナショナルを創設	
一八六六年			コントを読む	
一八六七年			『資本論』第一巻を出版	
一八六八年				日　明治維新
一八七〇年		『心理学原理』出版		普仏戦争

年号	コント	スペンサー	マルクス	社会史
一八七一年				ドイツ帝国成立（〜一九一八）パリ・コミューン
一八七三年		『社会学研究』出版		
一八七六年		『社会学原理』第一巻、九六年に全三巻完結		
一八八一年			妻イェニー死去	
一八八三年			ロンドンで死去	
一八八五年			エンゲルス編により『資本論』第二巻を出版。第三巻は九四年。	
一八九二年		『倫理学原理』第一巻を出版		
一八九六年		『総合哲学体系』完成		
一八九九年				英 南ア戦争（〜一九〇二）
一九〇三年		ブライトンで死去		

文献案内

〈コント〉

・清水幾太郎責任編集『世界の名著　四六　コント　スペンサー』中央公論新社、一九八〇
・飛沢謙一訳『社会再組織の科学的基礎』岩波文庫、一九三七
・田辺寿利訳『実証的精神論』岩波文庫、一九三八
・出隆他訳『世界の思想　一〇　実証の思想』河出書房新社、一九六六
・杉本隆司訳『コント・コレクション　社会学の起源へ』白水社、二〇一三
・杉本隆司訳『コント・コレクション　科学＝宗教という地平』白水社、二〇一三
・森博訳「実証政治学体系」サン＝シモン『産業者の教理問答』岩波文庫、二〇〇一、所収
・*Œuvres d'Auguste Comte*, tome Ⅰ～Ⅻ. Éditions Anthropos, 1968～1971

〈スペンサー〉

・清水幾太郎責任編集『世界の名著　四六　コント　スペンサー』中央公論新社、一九八〇
・濱野定四郎、渡邊治共釋『政法哲學　前後編　復刻版』信山社出版、二〇一四
・澤田謙訳『第一原理　上下』日本図書センター、二〇〇八
・三笠乙彦訳『世界教育学全集　五〇　知育・徳育・体育論』明治図書出版、一九六九
・岡本仁三郎訳『世界教育宝典　教育論』玉川大学出版部、一九五五
・島田四郎訳『西洋の教育思想　教育論』玉川大学出版部、一九八一

・八杉龍一編訳『ダーウィニズム論集』岩波文庫、一九九四
・松島剛訳『世界女性学基礎文献集成，明治大正編：第二巻　社会平権論　抄録』復刻、ゆまに書房、二〇〇一
・*The Works of Herbert Spencer*, Vol.1～21, Osnabrück Otto zeller, 1966～1967

〈マルクス〉

・マルクス＝レーニン主義研究所編集、細川嘉六、大内兵衛監訳『マルクス＝エンゲルス全集』全四一巻、補巻全三巻、別巻全四巻、大月書店、一九五九―一九九一
・渋谷正編・訳『草稿完全復元版　ドイツ・イデオロギー』新日本出版社、一九九八
・廣松渉編訳／小林昌人補訳『新編輯版ドイツ・イデオロギー』岩波文庫、二〇〇二
・エンゲルスとの共著、大内兵衛他訳『共産党宣言』岩波文庫、一九五一
・マルクス＝エンゲルス全集刊行委員会訳『資本論』全三巻、『全集』第二三巻～二五巻、大月書店、一九六八・一九六五
・資本論草稿集翻訳委員会訳『マルクス　資本論草稿』①～⑨巻、大月書店、一九七八～一九九四
・*Marx/Engels Werke*, Bd.1～43, Ergänzungsband.Teil.1～2, Dietz Verlag, Berlin, 1956～1990, 1967～1968

●著者略歴

竹内 真澄（たけうち　ますみ）

1954年　高知県生まれ
1982年　立命館大学大学院社会学研究科博士後期課程単位取得退学
現　在　桃山学院大学社会学部教授、京都自由大学講師

〈主な著書〉
『福祉国家と社会権　デンマークの経験から』晃洋書房、2004年
『物語としての社会科学　世界的横断と歴史的縦断』桜井書店、2011年
『諭吉の愉快と漱石の憂鬱』花伝社、2013年

〈編書、共著〉
『水田洋　社会思想史と社会科学のあいだ』晃洋書房、2015年
『石田雄にきく　日本の社会科学と言葉』本の泉社、2015年

社会学《しゃかいがく》の起源《きげん》——創始者《そうししゃ》の対話《たいわ》

2015年 10月 27日 初版 第1刷 発行
2021年 4月 26日 初版 第2刷 発行

著 者 竹内《たけうち》 真澄《ますみ》
発行者 新舩 海三郎
発行所 株式会社 本の泉社
〒113-0033 東京都文京区本郷 2-25-6
電話 03-5800-8494 FAX 03-5800-5353
http://www.honnoizumi.co.jp/
DTP デザイン：田近裕之
印刷 音羽印刷株式会社
製本 株式会社 村上製本所

ISBN978-4-7807-1248-3 C0036